REPRENDRE UNE ENTREPRISE

Groupe Eyrolles
61, bd Saint-Germain
75240 Paris cedex 05

www.editions-eyrolles.com

AUTRES PUBLICATIONS DE L'AUTEUR

Guide pratique des relations Banque-Entreprise, Eyrolles, 2011.
L'Essentiel de la reprise d'entreprise, Eyrolles, 2012.
Guide pratique pour évaluer et céder son entreprise, Eyrolles, 2013.

Si vous souhaitez contacter l'auteur, témoigner d'expériences, faire des suggestions ou poser des questions, vous pouvez le faire sur Internet :

- jmt@finance-strategie.com
- jt@finance-strategie.com
- www.finance-strategie.com

Le Code de la propriété intellectuelle du 1er juillet 1992 interdit en effet expressément la photocopie à usage collectif sans autorisation des ayants droit. Or, cette pratique s'est généralisée notamment dans l'enseignement, provoquant une baisse brutale des achats de livres, au point que la possibilité même pour les auteurs de créer des œuvres nouvelles et de les faire éditer correctement est aujourd'hui menacée.

En application de la loi du 11 mars 1957, il est interdit de reproduire intégralement ou partiellement le présent ouvrage, sur quelque support que ce soit, sans autorisation de l'éditeur ou du Centre français d'exploitation du droit de copie, 20, rue des Grands-Augustins, 75006 Paris.

© Groupe Eyrolles, 2000, 2002, 2004, 2007, 2011, 2014
ISBN : 978-2-212-55966-8

Jean-Marc Tariant

En collaboration avec Jérôme Thomas

REPRENDRE UNE ENTREPRISE

Conduite du projet, montage juridique, fiscal et financier

Sixième édition 2014

Guide Pratique

EYROLLES

*« Ce qui m'intéresse, c'est d'inventer un projet fou,
d'en définir les moyens et d'aller jusqu'au bout ! »*

Gérard d'Aboville

SUPPLÉMENTS INTERNET

Pour obtenir les suppléments internet de cet ouvrage rendez-vous sur le site des éditions Eyrolles :
http://www.editions-eyrolles.com, puis tapez le code de l'ouvrage (55966), dans le champ de recherche en haut à gauche.

Une fois sur la fiche de l'ouvrage, vous pouvez télécharger les suppléments dans la rubrique Téléchargements de la colonne de droite.

Sommaire des annexes disponibles en téléchargement

Modèle indicatif de protocole de cession de titres

Modèle indicatif de garantie d'actif et de passif

Modèle indicatif de compromis de vente de fonds de commerce

Modèle indicatif de pacte d'actionnaires

Cas pratiques
1. La reprise par une personne physique extérieure à l'entreprise
   Le cas « BONVENT »
   Le cas « TOUTBON »
   Le cas « BIENVU »
2. La reprise d'entreprise et la sortie de l'immobilier professionnel
   Le cas « DELAVAN »
3. La reprise par un membre de la famille
   Le cas « JUNIOR »
   Le cas « ASSOCIATION »

4. La reprise par un salarié
    Le cas « LIDEAL »
5. La reprise par une autre entreprise (croissance externe)
    Le cas « PASSION »
    Le cas « BANCO »
    Le cas « CARREDAS »
6. La vente à soi-même (OBO)
    Le cas « ELITT »
7. Autres cas pratiques

TABLE DES MATIÈRES

Suppléments Internet VII
Préface 1
Abréviations 3
Introduction 7

Partie I
La conduite du projet de reprise

Chapitre 1
Les principaux facteurs clés de succès

   1. Le profil et les qualités du repreneur type 11
   2. La préparation du repreneur 12
   3. L'adéquation entre la cible et le repreneur 13
   4. La reprise du fonds de commerce plutôt
      que des titres 13
   5. La reprise d'une entreprise saine plutôt
      qu'en difficulté 14

Chapitre 2
Les principaux pièges à éviter

   1. Les enseignements des études réalisées par Oséo 17
      1.1. Les taux d'échec selon les types de reprise 18
      1.2. Les éléments discriminants 18
          1.2.1. Les critères non financiers 18
          1.2.2. Les critères financiers 19

2. Les enseignements du terrain 20
2.1. L'attitude et la position du repreneur 20
2.2. Le ciblage de l'entreprise 21
2.3. Les cibles à éviter 21
2.4. La conduite du projet 22

Chapitre 3
LES DIFFÉRENTES ÉTAPES D'UN PROJET DE REPRISE

1. La recherche de la cible 23
2. Le prédiagnostic de l'entreprise et la prévalorisation
   de la cible 26
   2.1. Le prédiagnostic économique 27
      2.1.1. Le prédiagnostic interne 27
      2.1.2. Le prédiagnostic externe 27
   2.2. Le prédiagnostic financier 28
   2.3. La prévalorisation de la cible 28
3. L'approche de la cible 29
4. Le diagnostic approfondi de la cible 31
   4.1. Le diagnostic stratégique du secteur d'activité 31
   4.2. Le diagnostic général de l'entreprise 32
      4.2.1. Le diagnostic marketing et commercial 32
      4.2.2. Le diagnostic de la production et des moyens
             d'exploitation 33
      4.2.3. Le diagnostic social 34
      4.2.4. Le diagnostic administratif 34
      4.2.5. Le diagnostic financier 35
5. L'évaluation financière de la cible 37
   5.1. Distinction entre valeur de fonds de commerce
        et de titres de société 37
   5.2. Comment évaluer une entreprise individuelle ? 38
   5.3. Comment évaluer les titres d'une société ? 40
      5.3.1. La valeur de rendement 41
      5.3.2. La valeur patrimoniale 41
      5.3.3. La méthode de l'EBIT 42
      5.3.4. La méthode du superprofit 42
      5.3.5. La méthode empirique 43
      5.3.6. La méthode de l'actualisation des flux futurs
             de trésorerie (méthode DCF) 44
   5.4. Le retraitement des comptes annuels de l'entreprise cible 44
      5.4.1. Le retraitement du compte de résultat 45
      5.4.2. Le retraitement du bilan 45

Table des matières

- 5.5. La détermination des coefficients multiplicateurs 47
- 5.6. Comment évaluer l'immobilier ? 50

6. La négociation finale du prix de cession 50
- 6.1. Les éléments subjectifs de formation du prix 50
- 6.2. Les variables d'ajustement du prix 51
  - *6.2.1. L'attribution du résultat couru* 51
  - *6.2.2. L'attribution d'un complément de prix conditionné au cédant (clause d'« earn out »)* 52
  - *6.2.3. L'attribution de dividendes préférentiels au repreneur* 52

7. La lettre d'intention 53
- 7.1. La formalisation de l'intention du repreneur 53
- 7.2. Le contenu de la lettre d'intention 54
- 7.3. La portée juridique de la lettre d'intention 55

8. Les audits d'acquisition 56
- 8.1. L'audit comptable 57
- 8.2. L'audit financier 58
- 8.3. L'audit juridique 59
- 8.4. L'audit des contrats en cours, du carnet de commandes et des propositions 60
- 8.5. L'audit des stocks 61
- 8.6. L'audit de l'outil de production et du système informatique 61
- 8.7. L'audit fiscal et social 62
  - *8.7.1. L'audit fiscal* 62
  - *8.7.2. L'audit social* 62
- 8.8. L'audit des engagements reçus et donnés 63
  - *8.8.1. Les engagements dont bénéficie l'entreprise* 63
  - *8.8.2. Les engagements pris par l'entreprise ou le dirigeant* 64
- 8.9. L'audit réglementaire et environnemental 65
- 8.10. L'audit des relations intergroupe 66

9. Le protocole d'acquisition et les garanties associées 67
- 9.1. La signature d'un protocole bien verrouillé 67
- 9.2. La négociation de garanties solides et faciles à mettre en œuvre 68
  - *9.2.1. La garantie d'actif et de passif* 68
  - *9.2.2. La garantie de la garantie* 71
  - *9.2.3. Les engagements et garanties complémentaires du cédant* 72

10. **La recherche de financement**... 72
11. **La reprise effective**... 73

Partie 2
Le montage juridique et fiscal

Chapitre 4
QUEL MODE DE REPRISE CHOISIR ?

1. **Dans le cas d'une reprise par une personne physique** 79
   1.1. La reprise d'actifs ou de titres 79
       1.1.1. L'achat d'actifs professionnels 79
       1.1.2. L'achat de titres 81
   1.2. La reprise totale ou progressive 83
       1.2.1. La reprise en une fois de la totalité des titres 83
       1.2.2. La reprise progressive 84
   1.3. La reprise à titre personnel ou par le biais d'une société 85
       1.3.1. La reprise à titre personnel 86
       1.3.2. La reprise par le biais d'une société 90
       *1.3.3. Classement des revenus disponibles
               en fonction du choix de reprise et du mode
               de remboursement* 99
   1.4. La location-gérance du fonds de commerce 103
       1.4.1. Intérêt pour le repreneur 103
       1.4.2. Risques et limites associés 103
   1.5. La location des titres de la société cible 105
       1.5.1. Principes et conditions d'application 105
       1.5.2. Intérêt pour le repreneur 105
       1.5.3. Risques et contraintes associés 106
2. **Dans le cas d'une croissance externe** 107
   2.1. Si la cible est une entreprise individuelle ou la branche
        d'activité d'une société 108
       *2.1.1. Reprendre directement les actifs via sa société
               existante* 108
       *2.1.2. Créer une société distincte qui rachète le fonds
               de commerce* 109
       *2.1.3. Constituer un holding qui rachète l'entreprise
               cible par le biais d'une société filiale* 110
   2.2. Si la cible est une société 111

Table des matières

- 2.2.1. Acquérir la société cible par le biais de sa société actuelle 111
- 2.2.2. Acquérir les titres de la société cible à titre personnel 112
- 2.2.3. Constituer un holding sans lien avec la société A, qui achète la société B 113
- 2.2.4. Constituer un holding par apport de titres de la société A qui achète la société B 114

3. Dans le cas d'une vente à soi-même (OBO) 115

4. Dans le cas d'une reprise de l'immobilier professionnel 117
- 4.1. Que faire de l'immobilier ? 117
- 4.2. Comment reprendre l'immobilier ? 118
  - 4.2.1. L'immobilier fait partie intégrante de la cible, directement ou indirectement 118
  - 4.2.2. L'immobilier est détenu par les dirigeants en direct ou par le biais d'une société (SCI ou SARL) 119

Chapitre 5
QUEL MODE DE REMBOURSEMENT CHOISIR ?

1. La reprise à titre personnel 121
- 1.1. D'un fonds de commerce 121
- 1.2. De titres de société 122
  - 1.2.1. La société bénéficie du régime des BIC 122
  - 1.2.2. La société est placée sous le régime de l'IS 122

2. La reprise *via* une société holding 123
- 2.1. Les solutions envisageables et leurs limites 123
  - 2.1.1. La distribution de dividendes 123
  - 2.1.2. La facturation de prestations de services et/ou de redevances 124
  - 2.1.3. Le développement d'activités nouvelles par la société holding 126
  - 2.1.4. La mise en location-gérance du fonds de commerce 127
  - 2.1.5. La fusion du holding et de la société d'exploitation 128
- 2.2. Les moyens interdits 130
  - 2.2.1. La remontée de trésorerie sous forme de comptes courants 130

2.2.2. La distribution excessive de dividendes 131
2.2.3. La facturation de prestations de services anormales 131

Chapitre 6
LES LEVIERS JURIDIQUES À LA DISPOSITION DU REPRENEUR

1. **Pour conserver le pouvoir et la majorité du capital**.......... 133
   1.1. L'intérêt du holding et de la superposition de holdings 133
   1.2. La valorisation d'apports en nature 135
   1.3. Le paiement d'un droit d'entrée sous forme de prime d'émission et/ou de comptes courants 135
2. **Pour conserver le pouvoir sans la majorité du capital** 136
   2.1. Les valeurs mobilières spécifiques permettant au repreneur de conserver la majorité des droits de vote 136
      2.1.1. Les actions de préférence sans droit de vote 136
      2.1.2. Les actions à droit de vote double 137
      2.1.3. Les actions à droit de vote multiple (triple, quadruple…) 138
   2.2. Les clauses statutaires et extrastatutaires 138
      2.2.1. Le plafonnement du droit de vote 138
      2.2.2. Le pacte d'actionnaires 139
3. **Pour rendre le prix d'acquisition variable** 141
4. **Pour augmenter sa capacité de remboursement** 142

Partie 3
Le montage financier

Chapitre 7
LA DÉTERMINATION DU BESOIN FINANCIER GLOBAL

1. **L'acquisition des actifs ou des titres** 145
2. **Le remboursement éventuel des comptes courants des cédants** 146
3. **Le renforcement éventuel du fonds de roulement** 147
4. **La prise en compte des droits d'enregistrement et des frais divers** 147

4.1. Les droits d'enregistrement 147
4.2. Les autres frais d'acquisition 148

Chapitre 8
LE FINANCEMENT DE LA REPRISE

1. Les apports des actionnaires 151
   1.1. Les apports du repreneur et de son environnement proche 151
      1.1.1. Les incitations fiscales existantes 152
      1.1.2. Intérêts et limites de l'endettement personnel pour renforcer les apports 154
   1.2. La participation au capital du cédant 154
   1.3. La participation au capital d'une partie des salariés de la cible 155
   1.4. La participation au capital des fournisseurs et des clients 156
   1.5. La participation au capital de sociétés de capital-risque et de « business angels » 156

2. L'utilisation des ressources de la cible 159
   2.1. Dans le cas d'une reprise d'actifs 159
   2.2. Dans le cas d'une reprise de titres 159

3. Les ressources extérieures complémentaires 160
   3.1. Les quasi-fonds propres : passerelle entre actions et obligations 160
      3.1.1. Intérêts et effets de levier induits 160
      3.1.2. Dangers et limites pour le repreneur 161
      3.1.3. Principales valeurs mobilières mixtes utilisées en matière de LBO 161
   3.2. Les crédits bancaires moyen et long terme 163
      3.2.1. Principaux types de crédits existants adaptés au financement de la reprise 163
      3.2.2. Distinction entre dette mezzanine et dette senior 166
      3.2.3. Répartition des crédits entre la société mère et la société cible 167
      3.2.4. Effets de levier et ratios communément admis 168
      3.2.5. Options et points divers à négocier 169
      3.2.6. Dangers et écueils à éviter 172
      3.2.7. Arguments à développer et proposition de dossier type 173
   3.3. Le crédit vendeur 175

  3.3.1. Classique 175
  3.3.2. Atypique : le viager 176
 3.4. Les crédits bancaires court terme 177
  3.4.1. Le crédit relais 177
  3.4.2. La mobilisation du poste clients 178

Chapitre 9
LES GARANTIES LIÉES AUX CRÉDITS

1. Les garanties possibles 181
 1.1. Dans le cas d'une reprise d'actifs 181
 1.2. Dans le cas d'une reprise de titres 182

2. Les garanties impossibles 183
 2.1. Les limitations imposées par l'article L. 225-216
   du nouveau Code du commerce 183
 2.2. Les limitations imposées par les articles L. 241-3
   et L. 242-6 du nouveau Code du commerce 183

3. Les garanties à éviter 184
 3.1. L'hypothèque sur la résidence principale 184
 3.2. Les cautions personnelles ou de tiers 184
 3.3. La protection de l'habitation principale des entrepreneurs
   individuels 186

4. Les garanties alternatives 187
 4.1. Les sociétés de caution mutuelle 187
 4.2. Bpifrance 188

5. Les garanties souhaitables 189
 5.1. L'assurance décès, invalidité et incapacité au profit
   des banques 189
 5.2. L'assurance homme clé au profit de l'entreprise 190

Partie 4
Cas pratiques

Chapitre 10
APPLICATION AU CAS LAMBDA

1. Contexte de l'opération 193
 1.1. Le repreneur : M. R 193
 1.2. La cible : la société anonyme Lambda 193

    1.3. Les motivations des cédants 195
    1.4. L'approche de la cible 195
2. Valorisation de la société Lambda 196
    2.1. Hypothèses de travail 196
    2.2. Coefficients et multiples retenus pour la valorisation 196
    2.3. Détermination de la capacité bénéficiaire normative
         de la société Lambda 197
    2.4. Détermination de la trésorerie nette à fin N 198
    2.5. Valorisation de la société Lambda au 31/12/N 198
3. Modalités de la reprise 201
4. Le montage juridique et fiscal 201
5. Le montage financier 202

Chapitre 11
LA REPRISE PAR UNE PERSONNE PHYSIQUE EXTÉRIEURE
À L'ENTREPRISE

1. Présentation du repreneur 205
2. Présentation de l'entreprise reprise 206
3. Présentation du cédant 207
4. Origine du dossier 207
5. Prix de cession 207
6. Montage juridique et financier 207
7. Accompagnement et garanties du cédant 208
8. Évolution après dix-huit mois 209
9. Analyse et commentaires de l'expert 209
**10. Commentaires et recommandations
     du repreneur** 210

Chapitre 12
LE RACHAT D'UN FONDS DE COMMERCE
D'UNE ENTREPRISE EN DIFFICULTÉ PAR LES SALARIÉS
DE L'ENTREPRISE ET UN REPRENEUR EXTÉRIEUR

1. Présentation du repreneur 211
2. Présentation de l'entreprise reprise 212
3. Présentation du cédant 213
4. Origine du dossier 213
5. Prix de cession 213

6. Montage juridique et financier 214
7. Plan de financement de l'opération de reprise 215
8. Accompagnement du cédant 215
9. Évolution après dix-huit mois 215
10. Analyse et commentaires de l'expert 216
11. Commentaires et recommandations
    du repreneur 217

Chapitre 13
LA REPRISE PAR UNE AUTRE ENTREPRISE
(CROISSANCE EXTERNE)

1. Présentation du repreneur 219
2. Motivations de l'opération 220
3. Présentation de l'entreprise existante « société A » 220
4. Présentation du holding existant « société H » 221
5. Présentation de l'entreprise reprise « société B » 222
6. Principaux chiffres caractéristiques de la SCI filiale 223
7. Présentation du cédant 223
8. Origine du dossier 223
9. Prix de cession 223
10. Montage juridique et financier 224
11. Accompagnement et garanties du cédant 225
12. Évolution du dossier 225
13. Analyse et commentaires de l'expert 225
14. Commentaires et recommandations
    du repreneur 226

Chapitre 14
LA VENTE À SOI-MÊME (OBO)

1. Présentation du contexte 229
2. Présentation de l'entreprise 230
3. Valeur de l'entreprise 231
4. Montage juridique et financier 231
5. Cash dégagé par Monsieur BONSENS 233
6. Évolution après dix-huit mois 233
7. Analyse et commentaires de l'expert 233

ANNEXES

1. **Synthèse grille d'analyse** 237
2. **Documents et informations à obtenir en vue d'une reprise d'entreprise** 249
3. **Barème indicatif d'évaluation rapide de fonds de commerce** 253
4. **Modèle indicatif de lettre d'intention** 259
5. **Modèle indicatif de dossier financier pour une reprise d'entreprise par une personne physique** 261

GLOSSAIRE DES PRINCIPAUX TERMES 265
BIBLIOGRAPHIE 269
ADRESSES ET SITES INTERNET UTILES 271
INDEX 275

PRÉFACE

Reprendre une entreprise, son entreprise, quelle opportunité fantastique pour un dirigeant en quête de développement personnel, de réussite patrimoniale, sociale !

Même en période de crise, et surtout en sortie de crise, il existe de nombreuses possibilités de trouver la PME cible rêvée, qu'un cédant est prêt à transmettre à un repreneur qu'il aura choisi.

Le marché de la transmission/reprise d'entreprises, et surtout de PME, est complexe, dispersé, relativement confidentiel. De nombreux acteurs interviennent auprès des 60 000 entreprises qui vont changer de main dans l'année. Actuellement, ces acteurs s'organisent pour structurer et fluidifier ce marché : les intermédiaires, notamment ceux ayant le statut de conseils en investissements financiers (CIF), les experts reconnus tels que Jean-Marc Tariant, les institutions nationales comme l'Agence pour la création d'entreprises (APCE), les associations de mise en contact des cédants et des repreneurs telles que l'Association nationale pour la transmission d'entreprises des cédants et repreneurs d'affaires (CRA).

Le CRA est fort de ses 200 délégués, anciens cadres dirigeants ou chefs d'entreprise, qui préparent et assistent les cédants et les repreneurs dans leur projet ; dans un monde toujours plus concurrentiel, reprendre une entreprise nécessite de bâtir et renforcer ses atouts, par des compétences plus nombreuses et une préparation plus approfondie.

Dans ce contexte global, chaque cession ou chaque reprise d'entreprise représente des parcours individuels qui doivent être soigneusement préparés et balisés.

La mise en pratique des grilles d'analyse interactives et des cas concrets proposés dans ce guide permettra au repreneur-lecteur de se démarquer avantageusement de ses concurrents.

En conclusion, nous pouvons remercier Jean-Marc Tariant pour son ouvrage pertinent, contribuant au renforcement souhaité par de nombreux responsables politiques et économiques de nos entreprises françaises, grâce à la préparation efficace des repreneurs qui apporteront leur vitalité, leur capacité à concevoir des produits et services innovants, ainsi que leur aptitude à exporter davantage.

Jean-Marie Catabelle

Président de l'Association nationale
pour la transmission d'entreprises
des cédants et repreneurs d'affaires (CRA)

Présentation du CRA et coordonnées
des délégations régionales : www.cra.fr

ABRÉVIATIONS

Dans le texte qui suit, pour la facilité de lecture, nous avons utilisé les abréviations suivantes :

AGE	Assemblée générale extraordinaire
AGO	Assemblée générale ordinaire
BDF	Banque de France
BFRE	Besoin en fonds de roulement d'exploitation
BIC	Bénéfices industriels et commerciaux
BPI	Banque publique d'investissement
CA	Chiffre d'affaires
CAF	Capacité d'autofinancement
CATTC	Chiffre d'affaires toutes taxes comprises
CCA	Compte courant d'associé
CDD	Contrat à durée déterminée
CDI	Contrat à durée indéterminée
CGA	Centre de gestion agréé
CGI	Code général des impôts
CSG	Contribution sociale généralisée
DADS	Déclaration annuelle des données sociales
DLMT	Dettes à long et moyen terme

Reprendre une entreprise

EBE	Excédent brut d'exploitation
EBIT	*Earning Before Interest and Tax*
EIRL	Entreprise individuelle à responsabilité limitée
EURIBOR	*European Interbank Offered Rate*
EURL	Entreprise unipersonnelle à responsabilité limitée
FDC	Fonds de commerce
HT	Hors taxes
IR	Impôt sur le revenu
IRPP	Impôt sur le revenu des personnes physiques
IS	Impôt sur les sociétés
ISF	Impôt sur la fortune
K€	Milliers d'euros
LBO	*Leveraged By-Out*
LME	Loi de modernisation de l'économie
OAT	Obligation assimilable du Trésor
OBO	*Onwer Buy-Out*
OBSA	Obligation à bon de souscription d'action
OC	Obligation convertible
OCDE	Organisation de coopération et de développement économique
ORA	Obligation remboursable en action
PEA	Plan d'épargne en actions
PLF	Prélèvement libératoire forfaitaire
PME	Petite et moyenne entreprise
PMI	Petite et moyenne industrie
SA	Société anonyme
SARL	Société à responsabilité limitée

Abréviations

SAS	Société par actions simplifiée
SC	Société civile
SCA	Société en commandite par actions
SCI	Société civile immobilière
SCS	Société en commandite simple
SICAV	Société d'investissement à capital variable
SIREN	Système informatique pour le répertoire des entreprises et de leurs établissements
SNC	Société en nom collectif
TME	Taux moyen d'emprunt d'État
TMO	Taux moyen obligataire
TNS	Travailleur non salarié
TPE	Très petite entreprise
TTC	Toutes taxes comprises
URSSAF	Union de recouvrement des cotisations de Sécurité sociale et d'allocations familiales

INTRODUCTION

Les repreneurs potentiels sont nombreux : dix pour une affaire à céder dans les régions en développement. Expérimentés, mais en règle générale néophytes en matière de reprise, ils passent à l'acte le plus souvent contraints par l'environnement économique, en commettant des erreurs de base, facilement évitables.

Le but du présent ouvrage est de favoriser la réussite d'un projet de reprise en fournissant aux repreneurs, et à leurs conseils, un guide pratique et une méthodologie, leur permettant de valider les différentes étapes de leur projet :

- définition du projet et préparation du repreneur ;
- phase de recherche et approche de la cible ;
- réalisation des diagnostics et des audits ;
- estimation de la valeur de la cible ;
- négociation du protocole et des garanties associées ;
- montage juridique et fiscal ;
- montage du dossier financier ;
- actions à mener au moment de la reprise effective de la cible.

La première partie, « La conduite du projet de reprise », rassemble et synthétise les facteurs clés de succès et les pièges à éviter en matière de reprise d'entreprise. Elle passe ensuite en revue les différentes étapes d'un projet de reprise, en recensant les questions à se poser et en fournissant de nombreux outils d'analyse et recommandations qui permettent de favoriser la conduite d'un projet de reprise.

La deuxième partie, « Le montage juridique et fiscal », expose différents schémas de reprise, en distinguant pour chacun d'entre eux les avantages et les inconvénients. Les meilleures options, selon que le repreneur est en position majoritaire ou minoritaire, sont regroupées dans un tableau de synthèse. Cette partie est également l'occasion de présenter les différents moyens pour le repreneur de conserver le pouvoir avec ou sans la majorité du capital, et de rappeler les limites et les interdits en matière de mode de remboursement. Au-delà de l'optimisation du montage fiscal, il convient en effet de mettre en garde les repreneurs contre les actes anormaux de gestion, les abus de droit ou de pouvoir, qui conduisent parfois à des requalifications fiscales ou à des délits pénaux sévèrement sanctionnés.

La troisième partie, « Le montage financier », met l'accent sur les besoins financiers et sur les ressources susceptibles d'être mobilisées pour financer un projet de reprise, en développant :

- les avantages et les dangers des différents produits financiers ;
- les diverses options à négocier ;
- les effets de levier communément admis ;
- les arguments à développer pour faciliter l'octroi des crédits.

La caution des dirigeants constituant un point d'achoppement dans un grand nombre de dossiers, le présent guide développe la manière de réduire leur portée et les solutions alternatives, lorsqu'elles sont maintenues dans le dispositif de garantie du dossier de reprise.

La quatrième et dernière partie, « Cas pratiques », présente plusieurs cas réels, accompagnés de recommandations de repreneurs et de commentaires de l'auteur. Un questionnaire est fourni en guise de synthèse, afin de mesurer les chances de succès et les risques propres d'un projet de reprise. La reprise d'entreprise est une expérience extraordinairement passionnante et enrichissante sur le plan humain, de l'avis unanime des personnes interrogées. Elle demeure néanmoins périlleuse et incertaine, lorsqu'elle est mal préparée et mal organisée.

Partie I

La conduite du projet de reprise

1

LES PRINCIPAUX FACTEURS CLÉS DE SUCCÈS

La reprise d'entreprise repose pour une large part sur des aspects qualitatifs et humains, qui font appel au bon sens et à l'expérience. Au-delà des techniques permettant de réduire le risque et d'optimiser le montage juridique et financier, ce premier chapitre met l'accent sur l'homme et les aspects qualitatifs de la réussite d'un projet.

Pour réussir, le candidat repreneur doit faire preuve de méthode et de persévérance, et doit disposer de qualités personnelles indéniables.

1. Le profil et les qualités du repreneur type

La volonté d'entreprendre, le besoin d'indépendance, le goût du pouvoir et du risque sont les principales caractéristiques des repreneurs interrogés lors de notre enquête réalisée sur le Grand Ouest.

Les qualités humaines qu'ils estiment nécessaires sont les suivantes : courage, audace, persévérance, résistance nerveuse, patience, optimisme, forte personnalité, combativité, grosse capacité de travail, tempérament commercial, faculté d'écoute et de communication.

Plus que leur formation, c'est leur personnalité et leur parcours professionnel qui parlent sur leur future capacité d'adaptation à un nouvel environnement. L'essentiel est davantage dans l'instinct et le sens naturel du commandement et des affaires, que dans le savoir-faire.

Enfin, il est préférable de reprendre jeune, entre 35 et 45 ans, avec une capacité de travail maximale et des charges de famille légères.

2. La préparation du repreneur

Idéalement, le repreneur doit construire sa carrière professionnelle en cherchant à multiplier les expériences, pour devenir un bon généraliste doté de compétences pluridisciplinaires (gestion, production, commerce, management).

Le moment venu, il doit réaliser le diagnostic de ses compétences et de ses forces et faiblesses, en faisant preuve d'une grande honnêteté intellectuelle afin de ne pas se leurrer lui-même. Il est ainsi mieux à même de déterminer son projet professionnel, de compléter sa formation et de s'entourer de personnes compétentes dans les domaines où il a des lacunes. La constitution rapide d'une équipe pluridisciplinaire, composée de repreneurs expérimentés, de professionnels du secteur recherché, d'experts-comptables et avocats, est indispensable avant de passer à la phase de recherche de l'entreprise.

Zoom n° 1

Recommandation

Obtenez l'accord et le soutien familiaux sur votre projet de reprise. Les premières années étant particulièrement difficiles sur le plan professionnel, l'effort doit être accepté et partagé par la famille, son soutien psychologique étant déterminant. D'autant plus que la réduction du train de vie familial sera peut-être nécessaire : à la fois parce que la recherche de l'entreprise peut être assez longue, mais aussi parce que les petites entreprises ont rarement les moyens de faire face à un salaire de cadre de grand groupe et à des remboursements importants liés à la reprise.

3. L'adéquation entre la cible et le repreneur

La connaissance du métier et l'expérience du repreneur, ainsi que la proximité géographique et culturelle sont des éléments favorisant le succès d'une opération de reprise.

- La connaissance du métier facilite l'entrée dans l'entreprise en rendant le repreneur légitime vis-à-vis du cédant et des salariés de l'entreprise.
- L'expérience du repreneur dans une entreprise de taille comparable à celle de la cible lui permet d'avoir conscience des problématiques inhérentes à l'entreprise qu'il souhaite reprendre.
  À l'inverse, on constate souvent des difficultés d'adaptation pour les repreneurs issus de grands groupes reprenant une PME (relations sociales différentes, échelles financières sans commune mesure, perte de repères).
- La proximité géographique permet au repreneur de conserver et de faire jouer son réseau professionnel et amical dans son futur rôle de chef d'entreprise.

Les études réalisées ces dernières années par Oséo (Bpifrance), dont les principales conclusions sont présentées au chapitre 2, confirment que ces facteurs sont discriminants, et influencent fortement le taux de réussite des projets de reprise d'entreprise.

4. La reprise du fonds de commerce plutôt que des titres

La reprise d'un fonds de commerce présente de nombreux avantages par rapport à la reprise de titres de société :

- un montage plus simple et moins coûteux (une seule société, pas de création de société holding) ;
- un remboursement des crédits bancaires facilité (la capacité d'utiliser la trésorerie dégagée par les amortissements, le BFRE négatif et le poste client mobilisable pour rembourser la dette de reprise) ;
- pas de risques liés à la gestion passée du cédant (pas de garanties à négocier avec le vendeur), les engagements pris par le prédécesseur comme les conséquences fiscales et sociales de sa gestion lui restant opposables.

Dans ce schéma, le repreneur démarre sur des bases nouvelles sur le plan fiscal et administratif, tout en bénéficiant immédiatement d'un outil de travail opérationnel et d'une clientèle.

Toutefois, sur le plan fiscal, la cession de fonds de commerce n'est pas nécessairement intéressante pour un cédant, en particulier lorsqu'il l'exploite par le biais d'une société soumise à l'IS. De ce fait, il y a peu de fonds de commerce à reprendre sur le marché de la PME ; ils sont, au contraire, nombreux sur le marché de la TPE (commerçants, artisans). C'est donc la reprise de titres de société qui est le schéma le plus courant en matière de reprise de PME. Ce schéma, plus complexe et plus coûteux que la reprise d'un fonds de commerce, implique généralement :

- la création d'une société holding de reprise qui souscrit un emprunt pour acheter la cible, impliquant des remontées annuelles de dividendes de la cible vers le holding pour faire face aux échéances du crédit ;
- la négociation avec le cédant d'une garantie d'actif et de passif permettant au repreneur d'obtenir réparation en cas d'appauvrissement de la société qui trouverait sa cause dans la gestion passée du vendeur.

Zoom n° 2

Recommandation

Lorsque cela est possible, reprenez le fonds de commerce plutôt que les titres d'une société.

5. La reprise d'une entreprise saine plutôt qu'en difficulté

On peut tout d'abord s'interroger sur la définition de l'entreprise saine dont les principales caractéristiques sont, à notre sens, les suivantes :

- un chiffre d'affaires stable ou en progression ;
- un résultat d'exploitation positif et d'un niveau cohérent par rapport aux données sectorielles ;

- un niveau de capitaux propres suffisant au regard des besoins de fonctionnement de l'entreprise ;
- un niveau d'endettement raisonnable ;
- une trésorerie positive tout au long de l'année.

Si la reprise d'une entreprise saine n'est pas sans danger, elle présente moins de risques et s'avère souvent plus rentable, au final, que la reprise d'une société en difficulté.

La reprise d'une entreprise en difficulté impose, en général, de changer dans un délai très court les méthodes de travail, la culture de l'entreprise et le plus souvent l'équipe dirigeante. Les difficultés et la complexité sont telles, que ce type de reprise doit être réservé à des entrepreneurs expérimentés et durs en affaires. Si le prix payé au moment du rachat peut sembler attractif, ce type de reprise nécessite souvent des apports financiers complémentaires importants pour couvrir les besoins d'exploitation, le temps de redresser l'entreprise.

Zoom n° 3

Recommandations

- Privilégiez la reprise d'une entreprise saine, notamment pour la première expérience de reprise, de façon à maximiser vos chances de réussite.
- En cas de reprise d'entreprise en difficulté, choisissez la reprise du fonds de commerce afin d'éviter les problématiques de garanties d'actifs et de passifs dont la portée est généralement très limitée, voire inexistante, du fait d'un prix de cession très faible.

2

LES PRINCIPAUX PIÈGES À ÉVITER

Le processus de reprise d'une entreprise, à la fois long et complexe, a une durée moyenne de quinze mois, de la recherche à l'acquisition. Durant cette période, le repreneur passe par des phases d'euphorie et des phases de doute. Elles peuvent l'amener à commettre des erreurs qui lui seront fortement préjudiciables.

Savoir où l'on va et comment il faut y aller est fondamental à plus d'un titre ; cela permet de gagner du temps, de paraître crédible vis-à-vis des divers professionnels de la transmission et d'éviter les erreurs du néophyte.

1. Les enseignements des études réalisées par Oséo

Oséo a réalisé ces dernières années plusieurs études portant spécifiquement sur les causes d'échec et de réussite des transmissions de PME. Ces études se sont appuyées sur plusieurs milliers de dossiers de reprise, garantis par Oséo (Bpifrance). L'échantillon, composé de PME, était très proche de la composition de l'étude réalisée par notre cabinet auprès d'une cinquantaine de repreneurs et professionnels de la transmission.

1.1. Les taux d'échec selon les types de reprise

Durant la période 1990-1997, la plus comparable sur le plan économique à celle que nous traversons actuellement, le taux d'échec varie de 1 à 6 selon la nature et le montage du dossier ; les dossiers les plus risqués étant ceux qui sont le fait de repreneurs personnes physiques extérieures à l'entreprise.

> Si le taux d'échec moyen en matière de reprise d'entreprise est de 28 %, il est de :
> - 40 % pour une reprise réalisée par une personne physique extérieure à l'entreprise ;
> - 26 % pour une reprise réalisée par des salariés de l'entreprise ;
> - 7 % dans le cadre d'une transmission à un membre de la famille.

L'excellente résistance des transmissions familiales s'explique par des prix de cession moins élevés, un accompagnement plus long dans la prise en main de l'entreprise et des conditions de financement plus souples (crédit vendeur familial).

1.2. Les éléments discriminants

Selon ces études, les conditions dans lesquelles la transmission est réalisée sont déterminantes pour la suite du dossier.

1.2.1. Les critères non financiers

L'accompagnement du repreneur par le cédant est essentiel, le taux d'échec étant une fois et demie supérieur lorsque l'entreprise est reprise suite au décès ou à une maladie grave du précédent dirigeant.

La sinistralité augmente avec la taille des entreprises reprises. Pour un taux d'échec moyen de 100, il passe à 75 pour un effectif de moins de 10 salariés, à 86 pour un effectif de 10 à 20 salariés, à 123 pour un effectif de 20 à 50 salariés et à 138 pour un effectif de 50 à 100 salariés.

L'expérience du secteur est également un élément fort, puisque l'indice contentieux passe à 145 pour un repreneur non expérimenté, soit + 45 % par rapport à la moyenne.

Les principaux pièges à éviter

Le nombre de repreneurs associés a également un impact sur les chances de succès de l'opération. Plus ce nombre est important et plus la direction opérationnelle de l'entreprise semble compromise. La complémentarité des expériences et des formations ne compense pas les difficultés de management inhérentes à ce type de situation.

Pour un repreneur unique, l'indice contentieux est de 96, pour deux à trois repreneurs associés, il passe à 103, pour quatre repreneurs et plus, l'indice explose à 142.

1.2.2. Les critères financiers

> **À RETENIR**
>
> Trois ratios discriminants sont à prendre en compte :
> - Le ratio prix de vente/résultat net moyen retraité.
>   Au-delà de 7, le taux d'échec est supérieur de 30 %.
> - Le ratio dividende/résultat net moyen retraité.
>   Au-delà de 70 %, le taux d'échec est supérieur de 30 %.
> - Le ratio endettement moyen-long terme cumulé (cible + holding)/capacité d'autofinancement.
>   Au-delà de 4, le taux d'échec est supérieur de 30 %.

À titre indicatif, les plans de financement des dossiers étudiés s'équilibraient comme suit :

- 36 % d'apport en fonds propres ;
- 12 % de dividende exceptionnel ;
- 46 % de crédits bancaires ;
- 6 % de crédit vendeur.

Selon les résultats de la dernière étude publiée par Oséo (Bpifrance), les apports ont eu tendance à diminuer ces dernières années, et représentent désormais de 20 à 25 % des plans de financement.

Dans le même temps, on constate paradoxalement une diminution du taux d'échec, qui passe de 28 à 20 % en moyenne.

L'évolution favorable de ces chiffres s'explique par deux raisons principales :

- la première est liée à la composition de l'échantillon constitué principalement de TPE ;

- la seconde est liée à la conjoncture économique favorable existante pendant la dernière période étudiée par Oséo (Bpifrance).

La concurrence accrue entre les banques ces dernières années explique l'augmentation constatée du rapport dettes bancaires sur fonds propres. Il convient toutefois de rester prudent en la matière, le poids de la dette de reprise (non productive sur le plan économique) pesant lourdement sur la capacité de développement de l'entreprise et de résistance à un retournement de conjoncture.

On constate d'ailleurs, depuis 2008, une augmentation significative des demandes de réétalement de dettes de reprise du fait de la conjoncture économique dégradée. Les banques ont, depuis lors, durci leurs conditions d'octroi de crédit en matière de reprise (augmentation des exigences concernant le niveau d'apport financier du repreneur, etc.).

2. Les enseignements du terrain

2.1. L'attitude et la position du repreneur

Dans les régions en développement économique, on dénombre dix repreneurs pour une affaire à céder selon les secteurs d'activité. Le repreneur d'une entreprise saine se trouve donc en situation d'infériorité vis-à-vis du cédant ; ce qui peut l'amener à accepter l'inacceptable.

Exemples n° 1

- Des visites d'entreprise la nuit ou en dehors des périodes de fonctionnement de l'entreprise.
- Une absence totale de contact avec le personnel.
- Des garanties de bilan insuffisantes ou mal rédigées et mal contre-garanties.

Pour bien faire, il faut éviter de se mettre en situation de pression en reprenant une affaire en fin de droit ou en n'approchant qu'une entreprise à la fois (absence de solution de repli). Il faut surtout se méfier des coups de foudre, qui peuvent amener à ne plus raisonner de manière rationnelle et à ne plus écouter les conseils.

2.2. Le ciblage de l'entreprise

À ce stade, il faut éviter :

- d'effectuer une recherche trop large, mal ciblée, qui génère dispersion, perte de temps et absence de crédibilité vis-à-vis des différents interlocuteurs ;
- de s'enfermer, à l'inverse, dans des contraintes géographiques ou sectorielles trop étroites, rendant le potentiel de la cible trop limité ;
- de reprendre une entreprise d'une culture et d'une taille radicalement différentes de ses expériences professionnelles passées ;
- de cibler une affaire trop importante en regard de son apport, ce qui peut conduire à donner des garanties personnelles importantes et à procéder à des distributions de dividendes excessives pour boucler le plan de financement.

2.3. Les cibles à éviter

Certaines cibles sont dangereuses *a priori*, et nécessitent une très grande vigilance de la part du repreneur potentiel.

Il en est ainsi des entreprises qui se trouvent sur un marché en déclin, à forte concurrence ou très lié à l'évolution technologique ; les retournements peuvent être rapides et les marges fortement affectées. La même situation dangereuse peut se retrouver avec des entreprises qui réalisent beaucoup de recherche et développement, et les immobilisent à l'actif ; le potentiel réel de ces actifs est incertain.

Il faut également être prudent lorsque l'entreprise est à vendre depuis longtemps ou que le cédant n'est pas forcément vendeur. Ou bien lorsque l'entreprise comporte des pièges ou des contraintes qui rendent sa reprise difficile comme des investissements durant les dernières années qui peuvent avoir été réduits au maximum afin d'augmenter le résultat.

Il faut encore se méfier des entreprises qui ont vécu le décès brutal de leur dirigeant : ces entreprises sont livrées à elles-mêmes pendant un certain temps, ce qui génère désorganisation et difficultés de reprise en main pour le repreneur qui ne peut bénéficier d'un accompagnement du cédant.

Enfin, une entreprise à céder et dirigée par un dirigeant jeune dont les motifs avoués sont généralement la fatigue et l'incapacité à accompagner la croissance de l'entreprise, alors que la motivation principale est la réalisation d'une plus-value, doit engager à une grande méfiance ; c'est dans cette catégorie de transmission que les repreneurs doivent faire face au plus d'imprévus.

2.4. La conduite du projet

Les principaux pièges dont il faut se méfier dans la conduite du projet de reprise sont les suivants :

- Prendre les mêmes conseils que ceux du cédant, pour accélérer et faciliter la reprise. Les relations anciennes nouées entre le vendeur et ses conseils peuvent fausser les négociations et désavantager le repreneur.
- Limiter les audits à leur plus simple expression en les réalisant soi-même, afin d'éviter des honoraires de conseil. Il s'agit de mauvaises économies par rapport aux risques pris.
- Associer le vendeur à la reprise de l'entreprise. Il faut, au contraire, éviter tous liens financiers avec le cédant une fois la transmission réalisée. Cela favorise un meilleur relationnel entre les parties et une totale clarté sur le plan du pouvoir dans l'entreprise.
- Négliger le poids de la conjoncture économique et de la fonction commerciale qui est fondamental. Trop d'entreprises rencontrent des difficultés suite à une reprise, à cause d'une baisse de chiffre d'affaires.
- Sous-estimer les besoins futurs de trésorerie en étant trop optimiste sur le plan du prévisionnel.
- Accepter des garanties insuffisantes pour couvrir le poids du passé et les risques du futur.

> **À RETENIR**
>
> La garantie de passif a été mise en jeu dans 40 % des dossiers de notre échantillon et 25 % de repreneurs complémentaires avouent avoir eu l'occasion de l'actionner, mais ne pas l'avoir fait, compte tenu d'une franchise trop importante.

3

LES DIFFÉRENTES ÉTAPES D'UN PROJET DE REPRISE

L'organigramme ci-après présente les différentes étapes de la reprise d'une entreprise.

Obtenir l'accord et le soutien familial sur le projet, réunir une équipe autour de soi, dresser son bilan de compétences, définir avec précision la cible idéale, sont les premiers pas à franchir pour commencer une recherche féconde.

Nous présentons ci-après nos recommandations concernant la conduite des étapes essentielles du projet de reprise. Le montage juridique du dossier ainsi que son montage financier étant développés dans les parties 2 et 3 de l'ouvrage, ils sont abordés seulement de façon liminaire dans cette partie.

I. La recherche de la cible

La durée de la recherche est généralement assez longue, en moyenne quinze mois. Le facteur temps est un gage essentiel de réussite pour trouver la bonne entreprise. Il est, par conséquent, souhaitable de se mettre en situation de recherche à temps plein et de travailler avec méthode.

Reprendre une entreprise

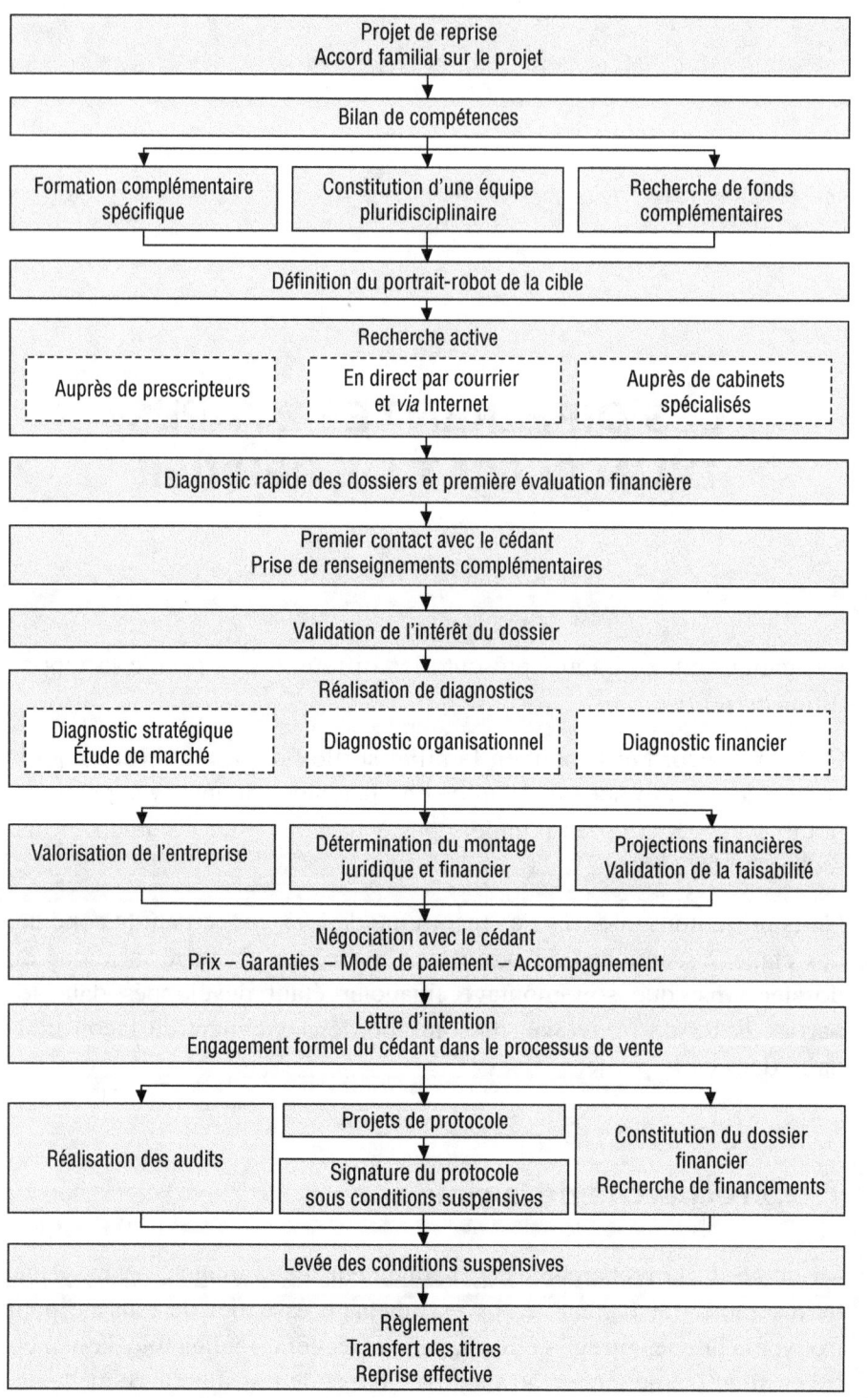

Voici ce que nous recommandons à ce stade :

- Établir une fiche réunissant tous les critères de recherche et dresser le portait-robot de l'entreprise idéale : métier connu par le repreneur, entreprise saine et peu endettée disposant d'une bonne trésorerie, clientèle et fournisseurs diversifiés, outil renouvelé en bon état, qualité des produits et des hommes, notoriété de la cible, bonne moralité et réputation du cédant, cession pour cause de départ en retraite, accompagnement du repreneur pendant quelques mois, prix raisonnable... Évidemment, cette entreprise idéale n'existe pas ! Elle constitue toutefois une grille d'analyse type et un objectif vers lequel il faut tendre.
- Passer à une phase active en contactant le plus grand nombre de professionnels de la transmission (experts-comptables, banquiers, notaires, avocats, cabinets spécialisés, chambres de commerce et des métiers, syndicats professionnels, etc.).
- Ne pas hésiter à s'appuyer sur son tissu relationnel, à faire jouer le bouche-à-oreille et à approcher en direct certains chefs d'entreprise par courrier, téléphone, Internet, afin de recueillir le maximum d'informations et de dossiers.
- Rester ouvert à toute opportunité de qualité, l'étude d'un nombre important de dossiers permettant d'accroître les chances de succès et d'apprécier, par comparaison, la qualité des dossiers.
- Faire preuve de beaucoup de psychologie, afin d'établir un climat de confiance avec tous les partenaires naturels de la transmission.
- Adhérer à un club de repreneurs, ce qui aide à rester motivé et à professionnaliser sa démarche.
- Pratiquer un ou plusieurs sports régulièrement, pour évacuer le stress et renforcer son potentiel énergétique.

Au moment du choix final, privilégier l'instinct, la passion pour le métier et les produits de l'entreprise. Il faut sentir le courant passer avec le cédant potentiel et l'adéquation entre l'entreprise et sa personnalité.

> **À RETENIR**
>
> Au-delà du rationnel, les critères de choix les plus cités par les repreneurs sont, en ordre décroissant :
> - la localisation géographique de l'entreprise (30 %) ;
> - le potentiel des produits vendus (20 %) et le métier de l'entreprise (20 %) ;
> - ses potentialités (13 %) et le prix (13 %) ;
> - la rentabilité de l'entreprise (10 %) et le coup de cœur du repreneur pour la cible (10 %).

2. Le prédiagnostic de l'entreprise et la prévalorisation de la cible

Une fois les cibles potentielles identifiées, le repreneur va devoir se forger une première opinion sur ces sociétés. Les informations dont il dispose à ce stade dépendront de l'origine du dossier.

Une mise en relation effectuée par un spécialiste de la transmission implique généralement la remise, après signature d'un engagement de confidentialité, d'un dossier de présentation permettant au repreneur d'obtenir des informations sur l'entreprise et les conditions de l'opération de cession envisagée : nature de l'opération (vente d'un fonds de commerce ou de titres), prix et date de cession souhaités par le vendeur, etc.

À l'inverse, un contact établi en direct avec un cédant non préparé à la cession nécessite que le repreneur collecte lui-même les informations dont il a besoin pour faire son analyse.

Le premier niveau de validation du repreneur va consister à vérifier que l'entreprise correspond à ses critères de recherche, en particulier sur les aspects suivants :

- la bonne compréhension de son métier ou sa capacité à le maîtriser rapidement, compte tenu de son niveau de technicité ;
- la taille de l'entreprise ;
- sa proximité géographique ;
- sa proximité culturelle ;
- sa situation économique et financière ;
- le budget de l'opération de cession ;
- le motif de la cession.

Afin de valider l'adéquation de la cible avec ses critères de recherche, le repreneur va réaliser un prédiagnostic de l'entreprise. Cette première approche synthétique, qui sera approfondie ultérieurement au besoin, sera également l'occasion de se forger une première opinion concernant la valorisation de la société.

Ce prédiagnostic, réalisé avant tout rendez-vous avec le cédant, doit permettre de valider l'intérêt, *a priori*, du dossier. Il permettra au repreneur d'aborder le premier rendez-vous avec le cédant en ayant préparé l'entretien afin de poser les bonnes questions, faire bonne figure, et démontrer son professionnalisme et son intérêt.

2.1. Le prédiagnostic économique

2.1.1. Le prédiagnostic interne

- Analyse du métier ou de l'offre de l'entreprise (plaquettes commerciales, site Internet, etc.).
- Principaux chiffres caractéristiques (activité, rentabilité, nombre de salariés, etc.).
- Organisation juridique (structure du capital, filiales et participations).
- Organisation opérationnelle (existence de différents sites et implantations).

Objectif :
Déterminer les points forts et les faiblesses de l'entreprise.

2.1.2. Le prédiagnostic externe

Il s'agit ici de mesurer l'influence positive ou négative sur l'entreprise des éléments suivants :

- l'identification des principaux concurrents ;
- la recherche et l'analyse des tendances du marché ;
- l'intensité concurrentielle ;
- l'existence de barrières à l'entrée.

Objectif :

Déterminer les menaces et les opportunités de l'environnement de l'entreprise.

2.2. Le prédiagnostic financier

L'observation des paramètres constitutifs de la formation des résultats permet de porter un jugement sur la performance financière de l'entreprise. Celle-ci doit toutefois s'analyser en rapport avec les performances des entreprises de taille comparable évoluant dans le même secteur d'activité.

Sur le plan de la structure financière, trois ratios essentiels nous paraissent pouvoir être mis en œuvre afin de déterminer si l'entreprise cible est saine ou non :

- Autonomie financière : fonds propres/total bilan > 25 %.
- Capacité d'endettement : dettes à moyen et long terme/capacité d'autofinancement < ou = 4.
- Trésorerie en jours de chiffre d'affaires > 1 mois de chiffre d'affaires toutes taxes comprises.

2.3. La prévalorisation de la cible

Sans avoir nécessairement obtenu les comptes annuels détaillés, il est possible de se faire une première opinion de la valeur de l'entreprise étudiée, à partir de données publiées au greffe du tribunal de commerce ou présentes sur de nombreux sites internet gratuits (societe.com, les echos.fr…).

Une récente étude réalisée en 2013 par le syndicat des experts en transmission d'entreprises (Synextrans), regroupant sur le Grand Ouest de la France une dizaine de cabinets de transmission d'entreprises, a mis en évidence les valeurs médianes des prix de cession des titres de 80 PME transmises au cours des cinq dernières années.

Les résultats obtenus sont tout à fait révélateurs des valorisations pratiquées sur le marché et des variables de fixation du prix :

- Prix comparé au résultat net = 6 fois.

- Prix comparé aux capitaux propres = 2 fois.
- Prix comparé à l'excédent brut d'exploitation = 3,5 fois.
- Prix comparé à la capacité d'autofinancement = 4,5 fois.

On notera toutefois que la dispersion (l'écart-type) par rapport aux médianes relevées est importante et que les multiples varient fortement selon les secteurs d'activité. À titre d'exemple, le BTP décote de 15 % par rapport aux multiples indiqués ci-dessus et l'industrie, secteur d'activité très recherché, bénéficie au contraire d'une survalorisation de 10 %.

De même, on constate que plus les entreprises cédées sont importantes et plus les multiples sont forts, pour l'ensemble des critères cités précédemment. À titre d'exemple, le ratio prix de vente/résultat net est en moyenne de 5,4 pour les sociétés dont le prix de vente est inférieur à 750 K€, de 7,8 pour les sociétés dont le prix de cession est compris entre 750 K€ et 1 500 K€, et de 8,7 pour les entreprises dont la valeur est supérieure à 1 500 K€.

Pour les lecteurs souhaitant en savoir plus sur l'étude réalisée par Synextrans, nous vous invitons à consulter la rubrique « actualités » de son site internet : www.synextrans.com

3. L'approche de la cible

Lors des rendez-vous avec le ou les cédants, le repreneur doit faire preuve d'humilité, d'écoute et de séduction. La dimension psychologique est fondamentale dans cette phase du projet. Les demandes de renseignements devront s'opérer progressivement, en évitant de heurter le cédant.

Cette phase est empreinte du culte du secret, et la discrétion s'impose. Il s'agit d'un moment primordial pour établir une relation de confiance et un climat de transparence. Cette période doit être mise à profit pour réunir le maximum d'informations.

Il est également indispensable de se renseigner très rapidement sur la notoriété du cédant et de rechercher les motifs qui l'amènent à céder son entreprise. Puis, il faut valider sa réelle volonté de cession afin d'éviter les fausses pistes.

Au final, cette première prise de contact avec l'entreprise doit permettre au repreneur de valider son intérêt pour la cible afin d'entrer dans une phase de diagnostics, qui lui fera mieux appréhender la société et le secteur d'activité dans lequel elle évolue.

> **À RETENIR**
>
> Les principales informations pouvant être demandées au cédant au terme des premier et deuxième rendez-vous, si les contacts ont été bons réciproquement et que la volonté de poursuivre les discussions se confirme, sont :
>
> **1. Informations sur la société**
> - Bilans, comptes de résultat détaillés et annexes fiscales des trois derniers exercices.
> - Prévisionnel pour l'année en cours et situation intermédiaire.
>
> **2. Informations sur les actionnaires et les dirigeants actuels**
> - Existence d'avantages particuliers (contrat d'assurance, retraite complémentaire…).
> - Utilisation de biens appartenant à la société ou financés par elle.
> - Répartition du capital social.
>
> **3. Informations sur les actifs de l'entreprise**
> - Liste des immobilisations avec indication de leur âge et de leur vétusté.
> - Contrats de prêts, de leasing et de location (baux commerciaux, gérance).
> - Détail des participations financières et derniers éléments financiers.
>
> **4. Informations sur les aspects commerciaux**
> - Organisation commerciale (salariés, VRP, agents commerciaux).
> - Répartition des ventes, nombre de clients actifs.
> - Contrats commerciaux particuliers (concession, franchise, contrat de distribution…).
> - Contrats risquant de perturber le bon fonctionnement de l'entreprise en cas de rupture (préavis long, indemnité importante, perte de clientèle significative…).
> - Évolution comparée du chiffre d'affaires sur les 24 derniers mois.
> - Importance du carnet de commandes.
> - Poids du cédant dans la relation commerciale.
>
> **5. Informations sur les aspects humains et sociaux**
> - Convention collective applicable.
> - Liste du personnel (copie de la dernière DADS).
> - Organigramme fonctionnel/hommes clés.
> - Climat social.

4. Le diagnostic approfondi de la cible

Le recueil des différentes informations présentées au chapitre précédent va permettre au repreneur de poursuivre l'étude du dossier. Au fur et à mesure des rendez-vous, il pourra collecter de nouvelles informations afin de parfaire son analyse.

☛ *Cf. annexe 2 : documents et informations à obtenir en vue d'une reprise d'entreprise.*

4.1. Le diagnostic stratégique du secteur d'activité

Il convient d'abord de réaliser une étude approfondie du secteur d'activité dans lequel l'investissement est envisagé, *a fortiori* si le repreneur n'a pas d'expérience dans le métier. Au-delà du goût pour le produit et du bon contact avec le cédant, le marché de l'entreprise, ses contraintes et ses spécificités doivent être connus.

> **À RETENIR**
>
> 20 % à peine des repreneurs interrogés lors de notre étude ont réalisé une étude de marché préalablement à leur reprise ; un chiffre beaucoup trop faible en regard des déconvenues rencontrées par certains, notamment sur le plan du volume d'activité, suite à la reprise.

Voici les points essentiels à prendre en considération :
- L'évolution du marché en tendance sur les dernières années, et l'approche du potentiel pour les prochains exercices sur le plan international, national ou régional, selon la taille de l'entreprise.
- L'intensité concurrentielle du secteur : identification des principaux concurrents, positionnement de l'entreprise par rapport à eux, recherche d'information sur l'évolution des prix et des marges dans le secteur d'activité.
- L'analyse technique du secteur et la recherche d'information sur les évolutions technologiques et réglementaires attendues ou prévisibles. Il ne faut pas omettre de prendre en compte les risques d'apparition de produits ou de services de substitution rendant obsolète l'offre de l'entreprise.
- Les barrières à l'entrée dans le métier, qui réduisent les risques de nouveaux entrants sur le marché (diplôme spécifique requis,

métier fortement capitalistique, pénurie de main-d'œuvre qualifiée, coûts de transport, brevet exclusif, autorisation administrative).
- Les dépendances vis-à-vis des fournisseurs et des clients, qui peuvent fragiliser l'entreprise en limitant ses marges de manœuvre.

4.2. Le diagnostic général de l'entreprise

Après avoir analysé son environnement, il faut réaliser une étude approfondie sur l'entreprise elle-même afin de bien cerner ses forces et faiblesses, les menaces et les opportunités liées à son organisation actuelle.

4.2.1. Le diagnostic marketing et commercial

- Domaines d'activités stratégiques.
- Évolution du chiffre d'affaires sur les dix dernières années, globalement et par secteur d'activité.
- Identification et analyse des principaux concurrents : localisation, importance, situation financière, évolution, actionnariat.
- Parts de marché de l'entreprise sur ses secteurs d'activité, globalement et par produit, perspectives de progression ou de régression selon les segments de marché.
- Politique commerciale : catalogue et gamme des produits, politique de prix, positionnement des produits, conditions de règlement, cibles de clientèle retenues, contribution des différents produits en termes de marge, cycle de vie des produits.
- Politique en matière de nouveaux produits : organisation et dynamisme du pôle recherche et développement, importance des moyens consacrés, protection des brevets.
- Politique de communication et notoriété : efforts de communication réalisés et à prévoir, médias utilisés, image de marque, réputation.
- Organisation commerciale : réseau, nombre et statuts des commerciaux, mode de rémunération, dépendance de l'entreprise à leur égard, démarche commerciale offensive ou attentiste, directe ou indirecte, performance globale et par commercial, modalités d'établissement des devis, pouvoir de décision délégué aux commerciaux.

- Répartition des ventes par marché, par produit, par secteur géographique, par client, poids relatif des principaux clients en termes de volume et de marge globale, nombre de clients actifs, liens spécifiques avec le cédant, nature et durée des contrats, solidité financière des clients.
- Couverture du risque client : plafond par client, garantie par un assureur crédit.
- Carnet de commandes : importance, diversité, nature des contrats signés, contribution en termes de marge.
- Livraison des produits : prix, délais, efficacité, satisfaction de la clientèle, contraintes pour l'entreprise et les clients, améliorations possibles.
- Service après-vente : existence d'un service spécifique, délais et conditions d'intervention, satisfaction de la clientèle.

4.2.2. Le diagnostic de la production et des moyens d'exploitation

- Politique adoptée en matière de sous-traitance ou de cotraitance : identification des partenaires de l'entreprise, solidité financière, nature des liens, compétence et qualité des prestations, rapport qualité/prix, ancienneté des relations.
- Qualité et ancienneté de l'outil de production : nature et montant des investissements réalisés et à réaliser en cas de reprise.
- Qualité et spécificité des locaux et actifs immobiliers : localisation, ancienneté, respect des normes d'hygiène, surfaces, travaux éventuels à réaliser.
- Organisation en termes d'achats et de réception des approvisionnements : identification des principaux fournisseurs, nature des contrats, conditions en termes de prix et de mode de règlement, délais de livraison, procédures en termes de décision et de réception, ancienneté des relations, solidité financière des principaux fournisseurs.
- Organisation de la production : niveau de productivité, pourcentage de rebuts, respect des délais et des budgets, qualité et contrôle des produits, travail sous norme ISO, respect des normes de sécurité françaises et européennes.

- Organisation en termes de gestion des stocks : contrôles à l'entrée des produits, suivi de la rotation des stocks, déclenchement des commandes, ruptures d'approvisionnement, vol et protection des stocks, modalités d'accès aux stocks.

4.2.3. Le diagnostic social

- Organisation fonctionnelle détaillée : quels sont les hommes clés ?
- Nature et clauses des contrats : CDI, CDD, intérim, clause de non-concurrence, « *golden parachute* ».
- Conditions spécifiques liées au secteur d'activité : convention collective appliquée, évolutions prévues.
- Accords et avantages particuliers négociés dans l'entreprise.
- Qualité et ancienneté du personnel : pyramide des âges, embauche, licenciement, turn-over, formation à prévoir.
- Politique et budget consacré à la formation.
- Mode de management pratiqué : gestion paternaliste ou participative.
- Culture de l'entreprise : délégation, autonomie, responsabilisation.
- Communication interne : informations données au personnel, rythme, nature et forme.
- Climat et relations sociales : existence de syndicats, délégués du personnel, comité d'entreprise, mouvements sociaux passés.

4.2.4. Le diagnostic administratif

- Réputation et coordonnées de l'expert-comptable, du commissaire aux comptes, du conseil juridique.
- Organisation administrative et comptable : compétence des hommes, procédures de travail, rapidité de facturation, existence de relance, délais de sortie du bilan.
- Organisation et performance en termes de contrôle de gestion : existence de tableaux de bord, de prévisionnels, de maîtrise des prix de revient.
- Organisation sur le plan informatique : matériels et logiciels utilisés, ancienneté, protection des informations, risques latents, évolutions.
- Investissements à prévoir : formation du personnel, degré d'informatisation selon les services…

Les différentes étapes d'un projet de reprise

- Relations bancaires : nombre de banques, répartition des mouvements, conditions et autorisations de crédits court terme dont bénéficie l'entreprise, procurations données.
- Couverture en matière d'assurance : nature des contrats, montant des garanties et des primes, coordonnées des compagnies et intermédiaires.
- Contrats passés et engagements donnés ou reçus : cautions, avals, hypothèques, nantissements.

4.2.5. Le diagnostic financier

Le diagnostic financier doit porter sur une période suffisamment longue (cinq à dix ans si possible) pour être significatif, notamment sur la partie d'analyse de l'évolution du chiffre d'affaires et de la rentabilité de l'entreprise.

L'analyse doit s'effectuer en tendance, mais également en comparaison avec les chiffres clés de la profession et des entreprises semblables en termes de taille et de spécificité de métier.

4.2.5.1. L'analyse de l'activité et de la rentabilité

Les soldes intermédiaires de gestion constituent l'élément majeur de l'analyse de la performance de l'entreprise. Ils doivent faire ressortir sur des périodes de référence comparables, ramenées à douze mois, l'évolution des marges en pourcentage et en tendance d'une année sur l'autre.

Une batterie de ratios caractéristiques vient compléter l'examen de la rentabilité verticale et horizontale de l'entreprise, parmi lesquels :

- frais de personnel/valeur ajoutée ;
- chiffre d'affaires et valeur ajoutée par personne ;
- résultat d'exploitation/actif économique net.

Enfin, le prévisionnel de l'année et ses réalisations en cours d'année sont également à analyser de très près, pour raisonner sur les éléments les plus récents et valider son propre plan d'affaires.

Cette étude de la rentabilité de l'entreprise et de sa capacité récurrente à dégager du cash-flow est essentielle à plusieurs titres.

Elle permet en effet d'apprécier :

- la bonne santé de l'entreprise et l'évolution de ses performances économiques ;
- sa capacité à supporter une charge de crédit supplémentaire ;
- le montant maximal de crédit qui en découle, et par conséquent le montant maximal de la transaction compte tenu des apports du repreneur.

En résumé, elle renseigne le repreneur sur la faisabilité de l'opération envisagée.

4.2.5.2. L'analyse de la structure financière

Il s'agit d'apprécier la solidité financière de l'entreprise et son indépendance à l'égard des tiers dans le cadre d'une exploitation normale.

Pour ce faire, il est souhaitable de réaliser d'abord un bilan fonctionnel de l'entreprise sur trois à cinq ans, afin de mettre en évidence ses grands équilibres financiers et leurs évolutions : capitaux propres, endettement à terme, actif immobilisé net, fonds de roulement, besoin en fonds de roulement, besoin ou excédent de trésorerie.

Il convient ensuite d'expliquer l'évolution de la trésorerie à l'aide d'un tableau de flux financiers, pour bien cerner la répartition des ressources et des emplois dans le passé. En réalité, l'analyse de la structure financière ne doit pas être statique mais dynamique, ce qui permet une meilleure compréhension de la situation actuelle.

En complément, il est recommandé de calculer, sur trois à cinq ans, une série de ratios liés à la structure financière, afin de dégager les rotations ou évolutions d'un certain nombre de postes, dans l'absolu et en comparaison avec les chiffres clés du secteur et les normes couramment admises sur le plan financier.

- Rotation des postes constituant le cycle d'exploitation :
  - stocks : stock moyen/total des achats matières premières HT × 360 ;
  - clients : créances clients/ventes annuelles TTC × 360 ;
  - fournisseurs : dettes fournisseurs/montant annuel des achats de marchandises, fournitures et services TTC × 360.

- Indépendance financière :
  - fonds propres/total bilan > 25 % ;
  - fonds propres/endettement à terme > 1 ;
  - (montant de la trésorerie × 365)/chiffre d'affaires annuel TTC > 30 jours ;
  - frais financiers/excédent brut d'exploitation < 40 %.
- Capacité de remboursement :
  - dettes à terme/capacité d'autofinancement < ou = 4.
- Rentabilité des capitaux propres :
  - résultat net/fonds propres > 15 %.

> **À RETENIR**
>
> Au-delà de l'analyse de la structure financière actuelle, il faut s'interroger sur les éléments réellement nécessaires à l'exploitation, et distinguer ceux qui pourront être cédés de ceux qui sont indispensables. L'objectif est de mettre en évidence les besoins financiers de l'entreprise et la trésorerie réellement disponible dans des conditions normales d'exploitation. Cette trésorerie pourra servir au remboursement des comptes courants du cédant ou au paiement partiel de l'entreprise, après prise en compte de la fiscalité différée.

5. L'évaluation financière de la cible

Il existe de très nombreuses méthodes permettant de valoriser une entreprise. L'objectif est d'arriver à une fourchette de valeur admissible, sur le principe de trois à quatre méthodes différentes validées par un expert. Cette référence servira de base de discussion avec le cédant pour négocier le prix de cession.

Selon le cas de figure (succession familiale, transmission à des salariés, cession à un groupe), l'estimation peut aller du simple au double, voire davantage.

5.1. Distinction entre valeur de fonds de commerce et de titres de société

En matière d'évaluation, il est indispensable de faire la distinction entre la valeur du fonds de commerce et la valeur des titres de la société.

- Le fonds de commerce est un élément constitutif de l'actif d'une entreprise. Il comprend notamment la clientèle, les matériels d'exploitation, le nom commercial ou encore le droit au bail.
- Les titres de la société sont représentatifs du patrimoine de l'entreprise, et comprennent l'ensemble des actifs (fonds de commerce, stocks, créances clients, trésorerie, etc.) et des dettes (dettes bancaires, dettes fournisseurs, dettes fiscales et sociales, etc.) de celle-ci.

Certaines méthodes de valorisation de titres de société nécessitent notamment une réévaluation du fonds de commerce, faisant ainsi le lien entre valeur de fonds de commerce et valeur de titres de société.

5.2. Comment évaluer une entreprise individuelle ?

La vente d'une entreprise individuelle (hors immobilier) se traduit par la cession de trois composantes distinctes :

- les éléments incorporels ;
- les éléments matériels ;
- les stocks.

La valorisation des stocks et des matériels ne posent généralement pas de problème aux cédants et aux repreneurs, les parties se fondant sur les valeurs d'achat, pour les stocks (moins une éventuelle décote en fonction de leur ancienneté), et de revente pour les matériels, en fonction de leur état de vétusté.

La difficulté de l'exercice concerne l'évaluation des éléments incorporels de l'entreprise (nom commercial, droit au bail, clientèle, carnet de commandes…), dont la valeur est proportionnelle à leur capacité à dégager une rentabilité future pour le repreneur.

Il arrive parfois que la seule valeur du fonds de commerce réside dans son emplacement commercial, autrement dit dans son droit au bail. Il en va ainsi dans le commerce, où il arrive fréquemment qu'un repreneur ne se porte acquéreur que de cet unique élément du fonds de commerce, en versant une indemnité de « pas-de-porte » au cédant.

Dans ce cas, le cédant doit liquider son stock préalablement à la vente du pas-de-porte et prend à sa charge les coûts de licenciement du personnel, en cas de non-transfert de l'activité.

L'évaluation d'un droit au bail dépend de son emplacement (rue ou galerie plus ou moins fréquentée), de la proximité d'enseignes attractives, de l'importance des parkings et des moyens d'accès (bus, métro), de l'importance de la surface commerciale et de stockage, du montant du loyer rapporté au m^2, des charges d'entretien des locaux mises à la charge du locataire, du caractère spécifique ou non du bail et du nombre d'années restant à courir du bail commercial.

L'évaluation d'un fonds de commerce, soit par conséquent la reprise du nom commercial, des matériels et agencements, de la clientèle et des personnels en plus du droit au bail, se fonde davantage sur le chiffre d'affaires réalisé et sur la rentabilité dégagée par le cédant au cours des trois derniers exercices.

Des barèmes **indicatifs** de valorisation des fonds de commerce ont été élaborés à partir de la compilation des prix de cession enregistrés par l'administration fiscale. Ces barèmes fixent la valeur d'un fonds de commerce, à l'intérieur d'une fourchette de prix déterminée à partir d'un pourcentage du chiffre d'affaires journalier ou annuel, ou du montant de commissions ou d'honoraires perçus.

Il est à noter que le résultat obtenu par l'utilisation de ce barème, correspond à la valeur du fonds de commerce, matériels et agencements inclus, les stocks n'étant pas compris dans cette valeur, car ne faisant pas partie du fonds de commerce.

Exemples n° 2

Nature du commerce	Fourchette de valeurs	Unité de barème
Accessoires automobiles	15 à 35	% CA TTC/an
Administrateur de biens et syndic	70 à 100	% honoraires TTC/an
Agence de publicité	25 à 50	% CA TTC/an
Agence de voyages	25 à 50	% CA TTC/an
Agence immobilière	15 à 35	% CA TTC/an
Agence matrimoniale	35 à 50	% CA TTC/an
Alimentation générale	40 à 130	recette journalière TTC

Vous trouverez en **annexe 3 un barème indicatif d'évaluation rapide des fonds de commerce** tiré du *Mémento de la transmission d'entreprise 2012-2013*, édité par les éditions Francis Lefebvre.

Le positionnement à l'intérieur de la fourchette de valeur indicative dépend, comme évoqué précédemment, des caractéristiques propres au droit au bail (qualité de l'emplacement, caractéristiques et durée restante du bail, qualité et vétusté des matériels et agencements…).

Une **seconde méthode de valorisation du fonds de commerce**, notamment pour les entreprises dont l'activité ne dépend pas de la qualité de l'emplacement, est fondée sur la capitalisation des résultats de l'entreprise.

Le résultat pris en compte est retraité de la rémunération du dirigeant et de tous les éléments susceptibles d'être modifiés suite à la cession (politique d'amortissement, loyer hors marché, avantages en nature…).

Selon les métiers et la qualité intrinsèque de l'entreprise, les coefficients multiplicateurs du résultat peuvent aller de deux à quatre années, parfois plus dans des métiers très recherchés et à forte visibilité.

La méthode des « comparables » permettrait dans l'absolu de valider la cohérence d'une valorisation. La difficulté consiste à obtenir les prix de transactions récentes d'entreprise du même métier, de taille et de performances identiques, dans la même région…

La discrétion des cédants sur le réel prix de vente, comme l'impossibilité de connaître les performances exactes d'une entreprise individuelle, les comptes annuels n'étant pas publiés auprès du greffe de commerce, rend l'exercice quasiment impossible et en tout état de cause dangereux.

5.3. Comment évaluer les titres d'une société ?

Dans le cas d'une reprise par une personne physique extérieure à l'entreprise, le prix de transaction se situe le plus souvent à un niveau intermédiaire ; le repreneur devant rembourser les crédits de reprise avec les futurs résultats de l'entreprise, la méthode d'évaluation qui semble la mieux appropriée est celle de la valeur de rendement.

5.3.1. La valeur de rendement

Cette méthode vise à valoriser la société d'après sa rentabilité nette annuelle en la multipliant par un coefficient généralement compris entre six et huit. Une pondération peut être affectée aux trois derniers exercices, afin de lisser l'évolution des résultats. On donne ainsi un poids relatif de trois à l'année N-1, de deux à l'année N-2 et de un à l'année N-3.

Cette méthode exclut donc la structure financière du raisonnement. Ainsi, deux sociétés ayant la même rentabilité seront valorisées de la même façon, même si l'une a une structure financière tendue et l'autre une trésorerie pléthorique. Afin de pallier ce problème, nous recommandons d'ajouter à la valeur obtenue la trésorerie distribuable présente dans l'entreprise.

Dans certains métiers tels que le transport, c'est la logique de la capacité d'autofinancement qui est privilégiée. On raisonne alors à partir de CAF normatives (résultat net + amortissement), en prenant un coefficient multiplicateur de trois à cinq selon le métier et le caractère plus ou moins recherché du secteur d'activité.

5.3.2. La valeur patrimoniale

Cette méthode vise à valoriser la société d'après les éléments constitutifs de son patrimoine (ensemble des actifs – ensemble des dettes = actif net comptable). La réévaluation ou la dépréciation de certains actifs permettent d'aboutir à l'actif net économique, représentatif de la valeur de l'entreprise dans une optique de liquidation.

Cette approche prend donc très peu en compte le dynamisme de la société en termes d'activité et de rentabilité.

La valeur découlant de cette méthode est souvent celle privilégiée par le cédant, ce dernier appréciant la valorisation de sa société comme une somme d'actifs (matériels, immobilier, etc.).

Le principal élément de l'actif à réévaluer dans cette approche est le fonds de commerce qui comprend le nom de l'entreprise, sa clientèle, son matériel et son savoir-faire.

> **À RETENIR**
>
> L'écart existant entre la valeur de rendement et le montant de l'actif net comptable ne doit toutefois pas être trop excessif, la rentabilité d'une entreprise étant par nature fluctuante. Une différence de 50 à 100 % est justifiable par la prise en compte de la valeur de fonds de commerce. Au-delà, il convient d'être prudent et de s'assurer de la récurrence de la rentabilité apparente.

5.3.3. La méthode de l'EBIT

Cette méthode présente l'avantage de tenir compte à la fois de la structure financière de la société et de sa capacité bénéficiaire.

Le calcul de la valeur de l'entreprise s'effectue comme suit :

- Valorisation de l'outil de travail d'après la rentabilité d'exploitation : multiplication du résultat d'exploitation normatif par un coefficient compris entre quatre et six, selon le métier et le caractère plus ou moins recherché du secteur d'activité.
- Intégration de la trésorerie nette : trésorerie active – trésorerie passive, y compris effets escomptés non échus, Dailly et affacturage...
- Imputation de l'ensemble des dettes financières (emprunts court, moyen et long terme, comptes courants, crédits-bails.) au chiffre obtenu pour obtenir la valeur de l'entreprise.

5.3.4. La méthode du superprofit

Cette méthode permet de valoriser le « *goodwill* » d'une entreprise, autrement dit sa sur ou sous-valeur par rapport à l'actif net comptable.

Le principe est le suivant : à un actif net comptable (les fonds propres de l'entreprise) doit correspondre un niveau de rentabilité nette minimale (généralement compris entre 10 et 20 % selon le degré de risque de la société). En cas de rentabilité supérieure, le superprofit pris en compte à hauteur de quatre années constitue un « *goodwill* ». En cas de rentabilité inférieure, la différence représente un « *badwill* » qui vient diminuer la valeur patrimoniale de l'entreprise.

Cette valorisation se réalise par l'addition :

- des fonds propres retraités de la société,

- et de la capacité de la société à dégager une rentabilité supérieure à celle que l'on pourrait attendre d'une société d'un tel niveau de risque. Ceci se calcule de la manière suivante :
  - application aux fonds propres de l'année N-1 d'un taux de rendement compris entre 10 et 20 % afin de déterminer le résultat net normatif à attendre ;
  - comparaison de ce résultat attendu avec le résultat normatif constaté ;
  - cet écart, positif ou négatif, est alors multiplié par quatre.

Cela permet d'obtenir une valorisation de la capacité intrinsèque de la société à dégager un résultat de très bon niveau ou non, ce qui est représentatif du savoir-faire de la société, également appelé « *goodwill* » (ou « *badwill* » si la valeur est négative).

On peut aussi considérer que cette valeur est représentative de la valeur du fonds de commerce de la société.

5.3.5. La méthode empirique

Le principe de cette méthode est simple et pragmatique. Une entreprise vaut par rapport à ce qu'elle peut se payer et en fonction des conditions du marché.

A : l'apport du repreneur
Prise en compte d'un apport théorique du repreneur : on constate globalement que les repreneurs apportent l'équivalent d'une à deux années de résultat net retraité, s'agissant de PME-PMI.

B : la trésorerie distribuable de la cible
L'entreprise peut disposer elle-même d'une trésorerie excédentaire distribuable en regard des fonds propres et des besoins de trésorerie en cours d'année. Cette trésorerie vient, dans ce cas, compléter l'apport du repreneur et augmenter le prix « payable » de l'entreprise.

C : la capacité de remboursement de la cible
La capacité bénéficiaire de la cible va permettre de compléter le montant susceptible d'être réglé pour acquérir l'entreprise. La pratique financière fixe actuellement le taux de distribution maximal à 70 % du résultat net passé. Le montant ainsi défini correspond à l'échéance

annuelle maximale du crédit de reprise. Sur la base d'une durée d'emprunt de sept ans, il est possible d'en déduire le montant maximal du capital empruntable pour acquérir la cible.

La somme de A + B + C détermine la valeur empirique de l'entreprise.

5.3.6. La méthode de l'actualisation des flux futurs de trésorerie (méthode DCF)

Comme son nom l'indique, cette méthode valorise l'entreprise sur la base de ses futurs résultats et du cash-flow dégagé. Toute la difficulté réside dans la détermination des futurs résultats, du nombre d'années à prendre en compte et du taux d'actualisation à appliquer.

À notre sens, ce concept est à la fois dangereux, aléatoire et pernicieux :

- dangereux, dans la mesure où un prévisionnel reste un prévisionnel et où les résultats qui en découlent sont tout à fait hypothétiques ;
- aléatoire, parce qu'en fonction de la durée d'actualisation (cinq ans, dix ans, voire l'infini) et du taux pratiqué (intégrant l'inflation sur la période, une prime de risque et de non-liquidité, et le rendement attendu), la valeur de l'entreprise peut varier très sensiblement ;
- pernicieux, parce qu'il revient, dans son principe, à faire payer au repreneur son propre travail.

Aussi, cette méthode ne nous semble pas bien adaptée à la valorisation de PME évoluant dans des secteurs d'activité traditionnels.

Elle peut cependant être utilisée pour valoriser soit de grandes entreprises, soit de jeunes sociétés innovantes afin de prendre en considération le potentiel de développement lié notamment à des travaux de recherche et développement réalisés depuis la création, ou encore à des brevets déposés.

5.4. Le retraitement des comptes annuels de l'entreprise cible

Afin de mettre en œuvre les différentes méthodes de valorisation exposées ci-avant, une analyse de tous les éléments des comptes annuels doit être effectuée et un retraitement sera réalisé en cas de besoin, afin de donner l'image la plus fidèle possible de l'entreprise concernant sa capacité bénéficiaire, ses capitaux propres, sa trésorerie.

5.4.1. Le retraitement du compte de résultat

Il convient, à ce niveau, de retraiter tous les éléments non récurrents et de porter une attention particulière aux postes et opérations suivantes :

- les salaires des dirigeants et de leur famille ;
- les avantages en nature et les frais de déplacement ;
- les loyers payés à des SCI familiales ;
- les redevances de location-gérance ou de brevets appartenant au cédant ;
- la politique d'investissement des dernières années ;
- la politique en matière de recherche et développement ;
- la politique d'amortissement et de provisionnement ;
- la politique de financement (crédit-bail et location financière à retraiter) ;
- les budgets de formation et les assurances ;
- les budgets de publicité et d'entretien ;
- les budgets du personnel intérimaire et de la sous-traitance ;
- les subventions et les abandons de créances ;
- l'achat d'actifs à des conditions exceptionnelles ;
- la réalisation de contrats particuliers ;
- les transferts de charge et la reprise de provisions ;
- les résultats sur opération de change ou d'indemnité d'assurance.

L'objectif est de déterminer la véritable capacité bénéficiaire de l'entreprise qui déterminera le niveau d'endettement possible.

5.4.2. Le retraitement du bilan

5.4.2.1. La détermination des capitaux propres de référence

Le niveau des capitaux propres est une donnée clé dans l'évaluation de la société cible. Elle est notamment utilisée dans la méthode patrimoniale et dans la méthode du superprofit.

Les principaux retraitements à effectuer concernant les capitaux propres de la société sont les suivants :

- Retirer les non-valeurs qui peuvent exister au bilan, par exemple les frais d'établissement qui correspondent aux coûts de création de la société ou d'un établissement secondaire.
- Retirer la valeur du fonds de commerce inscrite à l'actif du bilan, puisqu'il va s'agir de déterminer une nouvelle valorisation pour cet élément.
- Accorder une attention particulière au poste d'actif « frais de recherche et développement » ; à défaut d'avoir analysé la réalité économique de ce poste, il est préférable de le retirer du montant des fonds propres de l'entreprise.
- Tenir compte de la fiscalité latente existante en cas de réévaluation d'actifs (matériels, immobiliers…).

5.4.2.2. La détermination du niveau d'endettement réel de l'entreprise

L'analyse de l'endettement de l'entreprise comprend deux éléments principaux :

- L'endettement bancaire classique à moyen long terme.
- Le crédit-bail qui n'est pas apparent dans le bilan (information signalée en annexe 11 de la liasse fiscale dans la section « Engagement hors bilan »).
  Ce mode de financement, très répandu dans les entreprises, est un contrat de location avec option d'achat. Bien que l'entreprise ne soit pas directement propriétaire du bien financé, elle est fortement incitée à aller au terme du contrat du fait de l'option d'achat. C'est pourquoi les financiers considèrent que ce mode de financement est assimilable à de l'endettement bancaire classique et retraitent le bilan en conséquence.

5.4.2.3. La détermination de la trésorerie distribuable

Pour déterminer la part distribuable de la trésorerie, il est nécessaire d'obtenir les soldes mensuels de trésorerie sur une période relativement longue (18-24 mois), afin de vérifier sa stabilité dans le temps et le niveau minimal de trésorerie nécessaire au fonctionnement de l'entreprise.

> **Attention, sur ce plan, à la trésorerie fictive liée à la mobilisation du poste clients qui permet de gonfler en apparence le poste disponibilités.**

L'information peut être :

- Signalée en annexe 11 de la liasse fiscale (« Effets escomptés non échus »). Dans ce cas, il est nécessaire de retirer des soldes de trésorerie bancaires le montant des effets escomptés non échus.
- Non signalée dans la liasse fiscale : cela concerne l'affacturage, le Dailly ou encore la remise des effets à l'encaissement dès la facturation en fin d'année.

Il est également nécessaire de retirer de la trésorerie les comptes courants d'associés du cédant, qui seront remboursés au plus tard le jour de la reprise de la société.

Au final, cette analyse doit permettre de déterminer le niveau de trésorerie pouvant être utilisé pour financer partiellement l'acquisition de la société.

> **À RETENIR**
>
> Le prélèvement sur la trésorerie de l'entreprise se fera par une distribution de réserves au jour de la reprise. Il est donc indispensable de s'assurer que l'entreprise possède un niveau de réserves suffisant pour mettre en œuvre la distribution envisagée. Par ailleurs, il faut veiller à ce que cette opération ne dégrade pas trop fortement la structure financière de l'entreprise en calculant le ratio d'autonomie financière (fonds propres/total bilan) après opération.

5.5. La détermination des coefficients multiplicateurs

L'analyse et le retraitement des comptes de l'entreprise réalisés, il reste à déterminer les coefficients multiplicateurs qui seront utilisés dans le cadre de la valorisation.

Le choix de ces coefficients se fera en fonction des conclusions des diagnostics réalisés concernant l'entreprise et son environnement. Ceux-ci auront mis en évidence les points forts et les principales faiblesses de l'entreprise cible, ainsi que les menaces et opportunités présentes dans son environnement.

Une synthèse des conclusions pourra être réalisée à l'aide d'une grille d'analyse comme celle présentée ci-dessous, qui guidera l'évaluateur dans le choix des coefficients multiplicateurs.

	Critères d'appréciation	Impact sur la valeur de l'entreprise		
		+	–	NP
ATTRACTIVITÉ DU MARCHÉ	Intensité concurrentielle			
	Maturité du marché			
	Indépendance client			
	Indépendance fournisseur			
	Sensibilité aux évolutions réglementaires et économiques			
RESSOURCES D'EXPLOITATION	Notoriété/Historique			
	Éléments de différenciation/Savoir-faire spécifique/Brevets/Qualifications			
	État du matériel et des équipements			
	Localisation géographique			
CAPITAL HUMAIN ET ORGANISATION	Dépendance de l'entreprise au dirigeant			
	Climat social/Stabilité du personnel			
	Compétences du personnel/Rareté de la main-d'œuvre			
	Départ en retraite de salariés à court/moyen terme			
	Délégation/Autonomie du personnel			
PERFORMANCES ET SOLIDITÉ FINANCIÈRE	Régularité des performances			
	Visibilité/Carnet de commandes			
	Capacité d'adaptation/Seuil de rentabilité			
	Structure financière/Trésorerie/Dettes moyen long terme			

Les points faibles identifiés seront pour certains rédhibitoires, pour d'autres des arguments pour retenir la fourchette basse des coefficients multiplicateurs.

Exemples n° 3

Le fait que l'entreprise :
- dépende d'un ou de quelques rares clients (position de sous-traitant) ;
- dépende d'un fournisseur qui impose ses prix et choisit ses distributeurs ;
- dépende très fortement de son dirigeant actuel (savoir-faire spécifique) ;
- dispose d'un matériel vieillissant qui devra être renouvelé prochainement ;
- se situe sur un marché en déclin ou très fluctuant ;
- subisse un climat social difficile (grèves répétées, revendications multiples) ;
- représente un trop gros « morceau » pour le repreneur.

À l'inverse, les points forts peuvent justifier des coefficients multiplicateurs élevés.

Exemples n° 4

- Le dépôt récent de brevets prometteurs.
- L'existence de contrats pluriannuels importants.
- Une position de leader sur un marché.
- Une forte notoriété liée à l'ancienneté de l'entreprise ou à la qualité de ses produits.
- La rareté de ce type d'entreprise dans son secteur d'activité.
- Des perspectives de développement important.
- L'existence d'un excédent de trésorerie significatif.
- L'existence de reports à nouveau négatifs ou de crédits d'impôt.
- L'existence d'un fort potentiel humain difficile à recruter par ailleurs.

☛ *Un exemple d'application du calcul de la valeur d'une entreprise est présenté en quatrième partie de cet ouvrage au travers du cas pratique LAMBDA.*

De nombreux ouvrages existent sur la valorisation d'entreprise (une bibliographie est fournie pour un approfondissement de cette question sur le plan technique) ; toutefois, quelle que soit la méthode financière retenue, la valeur finale d'une entreprise dépend d'éléments complémentaires subjectifs qui influencent la négociation finale du prix de cession (*cf.* point 6, page 50).

5.6. Comment évaluer l'immobilier ?

La valeur de l'immobilier comme celle d'un pas-de-porte dépend de la qualité de l'emplacement et de la vétusté des éléments le composant.

Une capacité de construction complémentaire sur le terrain, tels des locaux susceptibles d'accueillir d'autres activités que celle de l'entreprise actuellement locataire, est un élément d'appréciation additionnel du bien.

Pour évaluer le bien, trois approches sont possibles :
- Recourir à un expert immobilier (notaire ou agent immobilier) connaissant le marché local.
- Estimer le coût de reconstruction à neuf et la valeur du terrain, puis appliquer une décote de vétusté afin de déterminer la valeur actuelle du bien.
- Approcher son prix à partir du loyer payé, s'il peut être considéré comme normal en comparaison des loyers pratiqués sur le secteur, pour des biens comparables. Un bien professionnel se loue annuellement sur la base de 8 % de sa valeur. Soit, à titre d'exemple, pour un loyer annuel de 30 000 € HT, une valeur de 375 000 €.

> Si le bien est à l'actif de l'entreprise, la réévaluation des fonds propres de la société ne sera prise en compte qu'à concurrence de la plus-value nette d'impôt sur les sociétés.

6. La négociation finale du prix de cession

6.1. Les éléments subjectifs de formation du prix

Au-delà de ces éléments à caractère économique qui pourront faire varier la valeur de l'entreprise, des éléments subjectifs vont également intervenir dans la négociation et influer considérablement sur le prix final de transaction.

Les différentes étapes d'un projet de reprise

Exemples n° 5

Pour le cédant :
- son âge et son état de santé ;
- sa réelle volonté de céder son affaire ;
- sa psychologie par rapport à l'avenir (optimiste, pessimiste) ;
- ses craintes par rapport à la perte de statut social ;
- le relationnel établi avec l'acquéreur (sympathie, confiance) ;
- l'existence de liens familiaux ou personnels avec le repreneur ;
- l'existence ou non d'héritiers ;
- l'existence ou non de successeurs potentiels dans l'affaire ;
- l'existence de plusieurs offres concurrentes ;
- la nécessité de dégager de la trésorerie pour renflouer d'autres activités ;
- la perte d'effet de synergie avec d'autres entreprises du groupe ;
- la mésentente entre associés ;
- la situation financière personnelle du cédant après l'opération.

Pour le repreneur :
- sa situation professionnelle (salarié ou chômeur) ;
- le temps dont il dispose pour aboutir ;
- sa capacité à négocier et sa résistance au stress ;
- l'amour qu'il porte au métier, à l'entreprise et à ses produits ;
- la localisation de l'entreprise ;
- l'existence de projet alternatif ;
- ses motivations profondes (pouvoir, revanche, plaisir) ;
- l'existence de liens familiaux ou personnels avec le cédant ;
- sa psychologie par rapport à l'avenir (optimiste, pessimiste).

6.2. Les variables d'ajustement du prix

6.2.1. L'attribution du résultat couru

Le prix d'acquisition d'une entreprise est rarement figé au moment des négociations, du fait de la continuité de l'exploitation pendant cette période.

Le prix est généralement fixé sur la base du dernier bilan connu, et la proposition de prix faite par l'acquéreur doit prendre en considération le résultat de l'exercice en cours en énonçant la partie qui en aura le bénéfice.

Par ailleurs, le vendeur peut, entre la date du dernier bilan et la date de cession effective, décider de distribuer des dividendes qui vont impacter les fonds propres et la trésorerie de l'entreprise.

En conséquence, il est indispensable d'avoir un référentiel permettant un ajustement du prix en fonction des événements de l'exercice en cours. En pratique, le prix est accolé à une référence de capitaux propres (généralement la dernière connue).

Exemple n° 6

Prix d'acquisition proposé au 30/09/N : 1 000 K€ tenant compte d'un montant de fonds propres de 500 K€ (référence 31/12/N-1). Au jour de la reprise : 31/12/N+1. Fonds propres d'un montant de 600 K€ du fait du résultat de l'année écoulée. Le prix définitif passe mécaniquement à 1 100 K€.

Concernant la négociation du prix, un achat « coupon attaché » est recommandé afin de bénéficier du résultat de l'année en cours. Ce point permet tout à la fois de limiter le prix de transaction et de préserver la trésorerie de l'entreprise.

En cas de désaccord entre les parties, il existe deux variables d'ajustement du prix complémentaire :

6.2.2. L'attribution d'un complément de prix conditionné au cédant (clause d'« earn out »)

Afin de rendre possible la transaction tout en restant économiquement raisonnable, la clause d'« *earn out* » consiste à négocier un prix variable, composé d'une partie fixe et d'un complément de prix lié aux performances futures de l'entreprise.

6.2.3. L'attribution de dividendes préférentiels au repreneur

Deux techniques peuvent être mises en œuvre. Elles consistent, pour le repreneur, à n'acquérir dans un premier temps qu'une partie de la société en négociant :

- Soit un dividende prioritaire affecté au repreneur jusqu'à un certain montant de dividendes et pendant une certaine durée.

Au-delà de ce montant, la répartition des dividendes se fait au prorata du capital détenu.
- Soit un dividende préciputaire qui permet au repreneur de bénéficier de 100 % des dividendes de la société pendant une période donnée.

☛ *Les notions d'« earn out » et de « dividende préciputaire »*
sont développées au chapitre 6.

7. La lettre d'intention

Un certain nombre de cédants potentiels sont, en réalité, des curieux qui souhaitent connaître la valeur de leur entreprise et se rassurer sur sa possible cession.

À un stade plus avancé en termes d'intention de vente, on rencontre des chefs d'entreprise fatigués, soucieux quant à l'avenir, qui, à l'occasion d'une opportunité, se sont déclarés vendeurs. L'intérêt marqué par le repreneur pour leur entreprise va les sécuriser. Au fur et à mesure des discussions, ils reprendront force et vigueur et ne parviendront pas, finalement, à abandonner leur « enfant », fruit d'un dur labeur de vingt à trente ans…

Le repreneur, qui, de son côté, a consacré du temps à la négociation et engagé des frais d'études, se trouve fortement pénalisé lorsque la négociation n'aboutit pas, du fait du cédant.

Il est donc recommandé pour l'une et l'autre des parties, de pré-contractualiser ses intentions par une lettre d'intention conjointe.

7.1. La formalisation de l'intention du repreneur

Le repreneur a intérêt à ne pas montrer son empressement au cédant. Il doit prendre son temps afin de diminuer les risques et d'éviter l'achat impulsif.

> **Attention à ne pas vouloir une entreprise à tout prix et à conserver une capacité à faire marche arrière en permanence, en poursuivant les discussions en parallèle sur plusieurs dossiers.**

Toutefois, lorsqu'il est convaincu d'avoir trouvé l'entreprise qui réunit ses critères de recherche, le repreneur a intérêt à formaliser une lettre d'intention et à la faire accepter formellement par le cédant, de façon à l'engager et à bénéficier d'une période d'exclusivité de négociation concernant la cession de son entreprise.

Ce document ne doit pas être formalisé trop tôt, et doit être le fruit des discussions et des accords oraux entre les parties. Il doit être simple, explicite et comporter une dimension économique.

Il nous paraît important qu'il soit remis en main propre afin de le commenter oralement, et ainsi de pouvoir analyser à chaud les réactions du cédant.

Zoom n° 4

Recommandation

En cas de désaccord important de la part du cédant sur le contenu de la lettre d'intention, il faut éviter de la lui laisser afin de mettre en forme une nouvelle proposition tenant compte des derniers échanges.

Le délai de réponse accordé au vendeur doit être relativement court (environ dix jours) afin d'éviter que ce dernier utilise cette proposition dans des négociations avec d'autres repreneurs potentiels.

La lettre d'intention, qui comprend généralement trois à quatre pages, est rarement acceptée dans sa première mouture. Plusieurs versions sont souvent nécessaires avant que les parties s'entendent et signent ce document.

7.2. Le contenu de la lettre d'intention

Les principaux éléments constitutifs de la lettre d'intention sont les suivants :

- l'objet du rachat (fonds de commerce, titres de sociétés) et la date de reprise envisagée ;

- le prix qui doit être soit mentionné, soit déterminable à peine de nullité de l'acte ;
- les clauses éventuelles d'ajustement du prix et les modalités de règlement ;
- les conditions d'accompagnement demandées au(x) cédant(s) ;
- les principales conditions de la garantie d'actif et de passif ;
- les modalités en matière de non-concurrence et de non-débauchage (métiers concernés, durée, secteur géographique concerné…) ;
- les conditions suspensives qui seront reprises dans le protocole de cession, dont les principales sont l'obtention des financements et la possibilité de réaliser un audit de la société ;
- le calendrier de l'opération ;
- la durée de validité de la lettre qui doit être précise quant aux dates de démarrage et de fin ;
- l'agrément des autres actionnaires en cas de rachat partiel.

☛ *Cf. annexe 4 : modèle indicatif de lettre d'intention.*

7.3. La portée juridique de la lettre d'intention

Lorsque la lettre d'intention est acceptée par les deux parties, elles sont engagées l'une envers l'autre et ne peuvent plus rompre les discussions sans juste motif ou versement d'indemnités. Le repreneur peut ainsi investir dans des frais d'études. Quant au cédant, il ouvre plus aisément son entreprise au repreneur, qui ne peut plus être considéré comme un curieux.

> **À RETENIR**
>
> Sans constituer un véritable protocole d'accord, les documents échangés par les deux parties apportent des éléments de preuve sur l'intention des précontractants, susceptibles d'être portés devant les tribunaux.
>
> S'ils ne peuvent obliger la partie défaillante à conclure le contrat prévu, les juges ont toutefois la possibilité de la condamner à verser des dommages et intérêts, en cas de rupture brutale des négociations.

8. Les audits d'acquisition

Les diagnostics développés au point 4 de ce chapitre portent un regard systémique et fonctionnel sur l'entreprise et son environnement. Ils doivent être complétés par une série d'examens approfondis, dont l'objectif est double :

- valider la réalité des chiffres communiqués ;
- mettre en évidence les risques à caractère réglementaire, fiscal, social et économique, qui doivent être connus du repreneur et couverts par le cédant.

Zoom n° 5

Recommandation

Lorsque cela est possible, il est bon de réaliser les audits d'acquisition avant ou pendant la rédaction du protocole de cession et de la garantie d'actif et de passif. Cela permet de faire preuve de précision et d'exhaustivité dans la rédaction de ces actes juridiques, dont on sait que toute la difficulté de mise en jeu réside dans la précision avec laquelle ils sont écrits.

Les deux principaux freins sont le temps et le budget, qui limitent considérablement l'étendue des vérifications dans la pratique. Le repreneur est généralement pressé et dispose de faibles moyens financiers, qu'il souhaite pouvoir répartir sur l'étude de plusieurs projets de reprise, trois à quatre étant souvent nécessaires avant d'aboutir à un rachat effectif.

À RETENIR

On distingue habituellement trois niveaux d'intervention :
- la revue limitée, qui offre le moins de confort pour l'acheteur, puisque l'audit est essentiellement fondé sur un examen analytique des comptes et des entretiens avec les dirigeants et responsables de l'entreprise ;
- l'investigation, qui se traduit par un examen approfondi et pluridisciplinaire de la situation de l'entreprise afin de dégager ses forces et ses faiblesses ;
- l'audit comptable, juridique et fiscal, qui conduit au maximum de garanties pour le repreneur, puisqu'une opinion est émise, engageant le cabinet d'audit.

Les principaux contrôles et examens qui peuvent être envisagés sont les suivants :

8.1. L'audit comptable

Il a pour ambition de valider ou de corriger l'actif net comptable de la société cible, qui servira de bilan de référence pour la mise en jeu de la garantie d'actif et de passif.

Chacun des postes composant le bilan est analysé dans une optique de révision comptable pour confirmer ou infirmer le caractère sincère, fidèle et exhaustif du bilan :

- réalité du poste clients ;
- décomposition mensuelle du poste client (balance âgée) ;
- ancienneté des dettes fournisseurs ;
- retards éventuels envers les organismes sociaux et les impôts ;
- respect de la séparation des exercices ;
- …

L'appréciation de la justesse des méthodes comptables, de leur permanence et de leur prudence, est également réalisée, notamment les principes de valorisation des actifs et les politiques d'amortissement et de provisionnement sur les postes sensibles :

- frais de recherche et développement ;
- titres de participation ;
- stocks ;
- clients ;
- provisions pour risques et charges.

L'analyse du poste « Titres de participation et créances rattachées » doit faire l'objet d'une vigilance particulière sur le plan des risques cachés.

> **Attention à l'existence de pacte d'actionnaires, aux situations de gestion de fait, aux formes juridiques engageantes, aux risques d'appel en comblement de passif.**

Le recours à la circularisation et aux techniques de sondage du commissariat aux comptes est fréquent, afin de prévenir les risques latents qui devront être couverts par la garantie d'actif et de passif.

Selon les cas et en fonction de la mission définie, le passage en revue des procédures et du contrôle interne peut être riche d'enseignements.

Au-delà de l'approche patrimoniale et risque, l'audit comptable est l'occasion d'apprécier plus précisément le volume d'activité et la rentabilité liés aux conditions d'exploitation actuelles (analyse détaillée du compte de résultat).

Enfin, un contrôle physique des principales immobilisations figurant à l'actif doit être réalisé.

8.2. L'audit financier

En matière bancaire :
- que prévoient les contrats de prêts en cas de changement d'actionnaires ?
- seront-ils rendus exigibles ?
- les autorisations de crédits court terme seront-elles maintenues, ainsi que les conditions de taux et de frais de compte ?
- existe-t-il des cautions du cédant, qui garantissent certains crédits court ou moyen terme qu'il sera nécessaire de lever lors de la reprise ?

En matière de trésorerie : la trésorerie apparente à la date de clôture du bilan est-elle constante tout au long de l'année, ou bien subit-elle des variations importantes ?

La réponse à cette question permettra :
- de valider la possibilité d'une distribution de dividendes pour régler partiellement le prix d'acquisition de la société ;
- de déterminer les lignes court terme dont a besoin l'entreprise pour fonctionner.

Deux méthodes permettront d'y répondre :
- Première méthode rapide : diviser le montant des frais financiers figurant au compte de résultat par un taux d'intérêt de 5 %, afin de recomposer le montant moyen de crédits utilisé durant l'année. En le comparant aux dettes financières court et moyen terme figurant au bilan, déterminer les besoins réels moyens de l'entreprise ;

- Seconde méthode plus précise :
  - consultation des relevés bancaires de l'entreprise sur les douze derniers mois aux principales dates d'échéance ;
  - consultation des comptes courants et placements (dépôts à terme, livrets, Sicav monétaires) ;
  - consultation des positions en matière d'utilisation de crédit court terme sous forme d'escompte, de Dailly et d'affacturage aux mêmes dates.

  Le cumul des trois positions déterminera la situation de trésorerie extrême de chaque mois.

En matière de BFRE :

- Les délais de rotation des stocks, clients et fournisseurs sont-ils cohérents par rapport :
  - à la législation en vigueur fixant les délais de règlement ?
  - aux normes sectorielles ?
- Comment ont-ils évolué au cours des trois dernières années ?

Si ces délais sont meilleurs que ceux pratiqués en moyenne par la profession, il convient de demander au cédant comment il y parvient et d'estimer l'évolution de la trésorerie en cas de retour à la norme des différentes composantes du BFRE.

8.3. L'audit juridique

Il comprend :

L'examen :

- des statuts et du K bis ;
- de la répartition du capital social ;
- de la capacité du vendeur à réaliser l'opération dans sa globalité (pacte d'actionnaires, promesse de vente, droits ou bons de souscription associés à une dette obligataire).

Le contrôle :

- des registres des conseils d'administration ;
- des assemblées générales et des mouvements de titres ;
- des rapports du commissaire aux comptes ;
- des conventions avec les dirigeants.

L'analyse :

- des titres de propriété des immobilisations ;
- des privilèges, nantissements et clauses de réserve de propriété qui sont attachés aux divers actifs ;
- des baux commerciaux (bail à construction, échéances, modalités de révision, charges incombant au locataire) ;
- des accords de licences ;
- des dépôts de marques et brevets (publicité, étendue, durée) ;
- des accords techniques et commerciaux ;
- des délégations de pouvoirs et de signatures ;
- des litiges en cours.

Sur ce dernier point, l'analyse du poste « Honoraires », notamment d'avocats, sur les trois années précédentes est intéressante. Elle permet de mettre en évidence d'éventuels litiges qui ne sont peut-être pas terminés, voire même provisionnés.

8.4. L'audit des contrats en cours, du carnet de commandes et des propositions

Le rachat des titres signifie la reprise et le respect des contrats signés par le prédécesseur. Cet engagement important n'est pas matérialisé, au jour du transfert des titres, en termes de résultat. Dans certains métiers, le BTP par exemple, les chantiers peuvent s'étaler sur des périodes longues, deux à trois ans, et générer au final des pertes importantes.

Il faut donc être extrêmement attentif aux contrats en cours et préciser, dans le cadre d'une annexe jointe à la garantie d'actif et de passif, l'avancée des travaux, les coûts engagés et les résultats attendus, la répartition des futurs résultats, les méthodes de valorisation et de suivi des chantiers.

De même, le carnet de commandes signé doit être audité afin de dégager les marges attendues et de mettre en évidence les possibilités de résiliation ainsi que les indemnités éventuelles qui y sont rattachées.

Zoom n° 6

Recommandation

Nombreux sont les cas où les carnets de commandes se sont vidés ou ont été rediscutés sur le plan des marges, suite à la cession des titres. Il faut être prudent et clair sur le traitement du manque à gagner éventuel.

Enfin, les propositions en cours qui assureront la relève du chiffre d'affaires sont à regarder de très près : leur analyse portera sur leur importance par rapport aux périodes comparables des exercices passés, ainsi que sur leur diversité et le maintien des marges.

8.5. L'audit des stocks

Dans le cadre de notre étude, de nombreux repreneurs ont attiré notre attention sur la survalorisation des stocks dont ils avaient été victimes.

> **À RETENIR**
>
> Il est nécessaire, au-delà de l'audit comptable, de valider ou de faire valider, par un professionnel du secteur, la réalité et la valeur du stock repris, de manière visuelle et en s'appuyant sur les dates d'entrée et de sortie des articles. Mieux vaut prévenir que guérir en la matière.

8.6. L'audit de l'outil de production et du système informatique

Un certain nombre de repreneurs se sont également trouvés piégés par des matériels de production non compétitifs ou à bout de souffle et/ou des conditions d'exploitation qui n'étaient plus réglementaires.

Un audit de l'appareil industriel, en termes de qualité et de performance de l'outil, de respect des normes de sécurité, d'hygiène et des réglementations européennes est donc indispensable. Il doit être réalisé par un professionnel neutre et spécialiste du secteur.

Quelle que soit l'étendue de la garantie d'actif et de passif, elle sera toujours difficile à mettre en œuvre et partielle sur le plan des indemnités en cas d'arrêt de la production. Cet audit préalable est donc vital. Il doit englober l'audit du système informatique dans son ensemble (fonctionnement effectif, performance, capacité d'évolution).

8.7. L'audit fiscal et social

8.7.1. L'audit fiscal

Bien que couvert par la garantie de bilan, le risque fiscal doit être apprécié plus largement :

- contrôle du respect des règles sur des points particuliers (crédit d'impôt, recherche, formation, déclaration de TVA, calcul de la taxe professionnelle, etc.) ;
- recherche de passif fiscal latent (exemples : achat de terrain avec option pour le régime des marchands de biens, terrain conservé par l'entreprise et droits d'enregistrement non payés, report d'imposition fiscale sur des biens apportés à l'occasion d'une fusion) ;
- prise en compte des conséquences liées à la modification des conditions d'exploitation.

Exemples n° 7

- Sortie de l'intégration fiscale : perte des reports déficitaires, imposition des plus-values intergroupe.
- Déménagement : remise en cause éventuelle des exonérations de taxe professionnelle ou d'IS.

8.7.2. L'audit social

En matière sociale, il est prudent :

- De passer en revue :
  - les contrats des salariés ;
  - les avantages particuliers (primes, intéressement, participation, retraite par capitalisation, plan d'épargne entreprise, indemnités en cas de licenciement…) ;
  - les frais de déplacement ;
  - l'existence de clauses de non-concurrence et leur contrepartie ;

- les horaires pratiqués et les conditions d'exploitation en référence avec la convention collective et le droit du travail pour apprécier les risques de revendications ou de redressements.
- D'analyser :
  - la pyramide des âges ;
  - l'ancienneté et la rotation du personnel ;
  - sa qualification ;
  - les indemnités de fin de carrière ;
  - la constitution ou non d'un fonds d'épargne en vue du versement de ces indemnités ;
  - les liens de famille de certains salariés avec le cédant ;
  - l'évolution de la masse salariale sur les trois derniers exercices ;
  - les embauches récentes ;
  - les jours de maladie.
- D'évaluer les coûts de licenciement ou de désengagement de certaines catégories de personnel, en fonction des projets et contraintes du repreneur.
- De se faire préciser les dates des derniers contrôles fiscaux et Urssaf, et d'en regarder les conclusions.
- De contrôler les dernières déclarations annuelles de salaires et le livre de paye.

8.8. L'audit des engagements reçus et donnés

8.8.1. Les engagements dont bénéficie l'entreprise

Il convient de faire le point de manière précise sur la nature et l'étendue des contrats et engagements dont bénéficie l'entreprise, ainsi que sur le maintien ou non des conditions actuelles suite au changement de dirigeant.

En matière de clients comme de fournisseurs :

Il faut étudier :

- les principaux contrats ;
- leurs échéances ;
- leurs modalités de renouvellement ;
- les conditions de leur poursuite ;
- avec qui ils sont signés (le dirigeant ou la société).

En matière de brevets :

- sont-ils déposés au nom de l'entreprise ou à celui du dirigeant ?
- sont-ils protégés ?
- dans quels pays ?
- jusqu'à quelle échéance ?

En matière d'assurances :

- sont-elles suffisamment précises et étendues (assurance perte d'exploitation, incendie, responsabilité civile et professionnelle, homme clé, prévoyance, couverture du risque clients, du risque de change, etc.) ?
- ont-elles été revues récemment ?
- est-il nécessaire de prévoir un budget supplémentaire ou bien pourra-t-on réaliser des économies sur ce poste ?

En matière de baux commerciaux :

Il est recommandé de connaître :

- les conditions spécifiques ;
- les échéances ;
- les bénéficiaires ;
- les types de contrats (bail à construction, bail précaire, crédit-bail immobilier, location financière, etc.) ;
- s'ils seront maintenus en l'état ;
- s'ils seront renouvelés ;
- s'ils sont dénonçables et à quelles conditions ?

En matière de subventions, d'aides publiques et d'avances remboursables :

- les conditions de leur attribution sont-elles toujours respectées ?
- existe-t-il des engagements à respecter pour les voir maintenues ?
- certaines seront-elles à rembourser ?

8.8.2. Les engagements pris par l'entreprise ou le dirigeant

Le repreneur, s'il conclut l'affaire, va devoir assumer les engagements pris par son prédécesseur au nom de l'entreprise, à compter de la date de transfert des titres. Il est donc essentiel de cerner la nature et l'ampleur des engagements pris, ainsi que leurs possibles répercussions sur l'exploitation future.

Concernant les clients :

- garantie d'entretien ;
- service après-vente ;
- contrats de longue durée avec prépaiement ;
- garantie décennale pour le bâtiment.

Concernant les fournisseurs :

- engagement de volume d'achat ;
- engagement de prix minimaux ;
- engagement de promotion du produit ;
- engagement de durée de contrat (notamment vis-à-vis des sous-traitants).

Concernant les banques :

- cautions ;
- engagement de mouvement commercial lié à un crédit ;
- engagement de remboursement de crédit après une certaine échéance.

Concernant les salariés :

- clause de révision de salaire dans les contrats ;
- avantages particuliers accordés.

Concernant les partenaires :

- existe-t-il un groupement constitué avec d'autres entreprises pour la réalisation de marchés, par exemple ?

8.9. L'audit réglementaire et environnemental

L'analyse des contraintes réglementaires imposées à l'entreprise et la vérification de leur respect sont également primordiales. Différents points sont à contrôler, dont :

Le respect :

- d'un niveau sonore maximal ;

- de non-pollution de l'air, des eaux et des sols ;
- de quotas de production ;
- de périodes et d'horaires d'exploitation ;
- de normes de sécurité et d'hygiène ;
- de réglementations nationales ou européennes.

L'obtention des assurances et des autorisations obligatoires.

> **À RETENIR**
>
> Sur le plan pratique, il faut recenser au cas par cas, en fonction du métier de l'entreprise, les organismes qui sont susceptibles de lui imposer des contraintes et les interroger sur les réglementations en vigueur.

Dans le même ordre d'idées, l'audit environnemental doit faire le tour des tiers à informer après l'acquisition : organismes financiers, assureurs, administrations, fournisseurs, etc.

8.10. L'audit des relations intergroupe

Les relations intergroupe peuvent grandement fausser la performance économique réelle d'une société. Il faut donc analyser de manière approfondie, lorsque c'est le cas, les liens pouvant exister entre les sociétés d'un même groupe :

- les liens financiers en matière de trésorerie, de garantie ou de financement ;
- les liens en matière d'exploitation : services communs, personnels détachés ;
- les liens contractuels : contrats signés au niveau du groupe et profitant aux filiales.

☛ *Cf. annexe 2 : documents et informations à obtenir en vue d'une reprise d'entreprise.*

9. Le protocole d'acquisition et les garanties associées

9.1. La signature d'un protocole bien verrouillé

Le protocole d'acquisition est le document juridique le plus élaboré pour concrétiser les intentions des deux parties. Ses principaux éléments constitutifs sont :

- une promesse de vente incluant l'ensemble des éléments précités dans la lettre d'intention ;
- les conditions suspensives qui devront être levées pour que la cession devienne effective : obtention des financements bancaires par le repreneur, possibilité pour ce dernier de réaliser un audit de la société…
- en cas de création d'une société holding pour reprendre la société cible, les modalités de création de cette société avec la structure de l'actionnariat ;
- les modifications statutaires consécutives à la cession des titres ;
- les dates et les délais de réalisation de l'opération ;
- la faculté éventuelle de substitution précisant le ou les bénéficiaires ;
- les modalités de règlement de tout litige :
  – détermination du prix ;
  – établissement de la situation comptable de référence à la date de transfert des titres ;
  – évaluation des stocks ;
  – mise en jeu de la garantie d'actif et de passif.
- l'engagement d'une gestion normale et habituelle pendant la période intérimaire, entre la signature du protocole et le transfert des titres.
  Le cédant s'engage à ne réaliser aucun investissement, aucune embauche, aucune conclusion ou rupture de contrats significatifs sans information préalable du cessionnaire, ainsi qu'à ne signer aucun acte, ni prendre aucune décision de nature à fausser les conditions sur la base desquelles l'accord a été conclu.

Les annexes du protocole sont fondamentales et doivent être considérées comme parties intégrantes de l'acte. Elles précisent :

- le projet de convention de garantie d'actif et de passif ;

- les éléments qui s'y rattachent : bilan de référence, listes des créances clients et des engagements donnés et reçus, etc.
- le projet de modification des statuts ;
- le cas échéant, le projet de pacte d'actionnaires.

Une telle pratique permet de limiter les discussions et désaccords futurs. Les points les plus sensibles dans la rédaction de l'acte sont la fixation des conditions suspensives et résolutoires, qui doivent être extrêmement précises à défaut de nullité, ainsi que les indemnités éventuelles qui en découlent.

> **À RETENIR**
>
> Un protocole bien rédigé est le garant de la bonne fin des opérations et du maintien de relations courtoises entre les parties pendant les négociations et après le transfert des titres. La présence de l'expert-comptable et d'un avocat-conseil en droit des sociétés est donc fortement recommandée.

☛ *Cf. site Internet : modèle indicatif de protocole de cession de titres et compromis de vente de fonds de commerce.*

9.2. La négociation de garanties solides et faciles à mettre en œuvre

9.2.1. La garantie d'actif et de passif

Cette garantie est à négocier uniquement en cas de rachat de titres.

Le repreneur devient responsable en tant que nouveau dirigeant mandataire de l'intégralité des charges incombant à la société, tant pour la gestion passée que future. C'est pourquoi il doit se couvrir par rapport aux éventuels sinistres ou pénalités dont les faits sont antérieurs à la date de reprise.

En donnant une garantie d'actif et de passif, le cédant s'engage à indemniser l'acquéreur de toute perte, tout dommage, tout préjudice ou toute charge subis par la société en conséquence d'un événement ayant une cause ou une origine antérieure à la date de cession.

La rédaction des clauses de garantie d'actif et de passif dans un contrat d'acquisition est toujours un exercice difficile, faisant appel à la fois à des compétences juridiques et comptables.

Loin d'être un paravent sans faille protégeant le repreneur, la garantie de bilan doit être soigneusement rédigée si l'on souhaite pouvoir mettre en œuvre ses dispositions. Les juges, considérant les hommes d'affaires comme avisés, sont en effet peu cléments à leur égard s'ils estiment qu'ils ont agi à la légère en ne procédant pas, par exemple, aux vérifications préalables qui s'imposent.

Pour être efficace, la garantie d'actif et de passif doit être la plus précise (notamment sur les termes comptables et les définitions utilisées) et la plus complète possible ; d'où l'utilité d'un audit approfondi et l'adjonction d'annexes détaillées sur les points sensibles (le bilan de référence, la liste des salariés, l'état des nantissements, la liste des litiges en cours…) auxquelles les deux parties pourront se référer en cas de mise en jeu de la garantie.

Ses éléments constitutifs essentiels sont les suivants :

- La désignation des parties et de la ou des sociétés faisant l'objet de la transaction.
- Une série de déclarations de la part du vendeur précisant :
  - sa capacité à intervenir ;
  - la régularité de la société quant à son fonctionnement et à l'égard des tiers ;
  - l'absence de nantissement sur les titres ou les actifs cédés ;
  - la propriété effective de son fonds de commerce, noms et marques attachés ;
  - la non-mise en cessation des paiements ;
  - la non-résiliation des baux commerciaux ;
  - le respect des règles en vigueur sur le plan du droit social et des conventions collectives ;
  - l'absence de procès ou litiges en cours autres que ceux qui sont annexés au document ;
  - la liste des contrats et conventions contenant une clause de résiliation anticipée en cas de changement d'actionnaire majoritaire ;
  - la liste des engagements donnés à des tiers.
- Le contenu et la consistance de la garantie d'actif et de passif, c'est-à-dire :
  - la date du bilan de référence ;

- l'engagement d'exhaustivité et de sincérité ;
- la garantie du vendeur contre toute diminution d'actif ou d'augmentation de passif, ayant une origine antérieure à la cession et qui aurait été soit non inscrite, soit insuffisamment provisionnée ;
- le détail du carnet de commandes avec les marges prévisionnelles ;
- les conditions de mise en jeu de la garantie ;
- les délais et informations du cédant à respecter ;
- le renoncement du vendeur au bénéfice de discussion ;
- les modalités de règlement.
- Les conditions de mise en jeu de la garantie de bilan :
  - l'assiette : pourcentage de couverture par rapport à un appel de garantie ;
  - le plafond : maximum d'indemnités qui seront versées par le cédant ;
  - le seuil de déclenchement : montant minimal en dessous duquel la garantie ne jouera pas ;
  - la franchise : montant à partir duquel la garantie commence à jouer ;
  - la durée de validité ;
  - la législation applicable ;
  - l'élection de domicile.

Il convient enfin de préciser si la garantie profite à l'entreprise ou au cessionnaire. Et si elle est limitée au montant de la transaction ou non. Pour le cessionnaire, la qualification de l'indemnité est neutre sur le plan fiscal, à l'exception des dommages et intérêts. En revanche, elle est fondamentale sur le plan de son plafonnement.

> **CONSEIL D'EXPERT**
>
> **La désignation d'un juge arbitre :**
>
> Malgré le développement des procédures de référé, toute procédure judiciaire peut durer de longues années et engendrer des frais importants, sans apporter de solutions dans l'intervalle, à la partie qui se considère lésée.
>
> Aussi est-il fortement recommandé d'associer à la garantie d'actif et de passif un mode de règlement amiable des litiges sous forme arbitrale, afin de faciliter l'interprétation et la rapidité de mise en jeu de la garantie.

> En règle générale, les parties s'entendent sur les points suivants :
> - chaque partie désigne un juge arbitre ;
> - ceux-ci conviennent de la nomination d'un troisième arbitre ;
> - le tribunal arbitral ainsi formé doit rendre sa sentence dans un délai court (inférieur à trois mois le plus souvent), et la décision prise n'est pas susceptible d'appel si l'appel n'est pas prévu par les cocontractants mais susceptible de recours en annulation.

☛ *Cf. site Internet : modèle indicatif de garantie d'actif et de passif.*

9.2.2. La garantie de la garantie

Une garantie n'a de sens que si l'on est certain de pouvoir la mettre en jeu. Le cessionnaire a donc tout intérêt à demander de solides garanties à cet effet. Parmi les solutions possibles, citons :

- La caution bancaire à première demande : la banque se porte fort pour le cédant du règlement des indemnités liées à la mise en jeu de la garantie d'actif et de passif, et ce à première demande du cessionnaire.
- La caution bancaire simple : la banque se porte fort de la solvabilité du cédant pendant la période couverte par la garantie d'actif et de passif.
- Le bénéfice d'un contrat d'assurance couvrant la garantie d'actif et de passif souscrit par le cédant au moyen du versement d'une prime unique, lors de la mise en place du contrat. Le cédant se trouve ainsi déchargé personnellement des conséquences de la mise en œuvre de la garantie de bilan.
- L'octroi d'un crédit vendeur, sur le paiement des titres ou le remboursement de comptes courants, étalé sur plusieurs années par le cédant, qui constitue en lui-même une capacité de compensation pour l'acquéreur.
- Une cession en deux temps, la seconde partie de la cession faisant l'objet d'une promesse de vente nantie au profit du cessionnaire. Ce dernier est alors en mesure, en cas de mise en jeu de la garantie, de faire jouer la compensation.

On peut enfin renforcer l'exécution des obligations du cédant, par le versement d'intérêts de retard en cas de règlement tardif, des indemnités prévues par la convention de garantie.

9.2.3. Les engagements et garanties complémentaires du cédant

Le premier engagement qui vient naturellement à l'esprit est l'engagement de démission du cédant et du conseil d'administration, afin d'éviter le paiement de frais de licenciement par le repreneur. Cette démarche peut également être suivie par les membres de sa famille en cas de nécessité.

Le cédant promet toutefois fréquemment de transmettre son savoir-faire et par conséquent de rester un minimum de temps à disposition du repreneur, sous des formes qui peuvent être variables : contrat à durée déterminée, vacation en tant que conseil extérieur, gratuité compte tenu d'un prix fixé intégrant cette passation de pouvoir et d'information, convention de tutorat.

La clause de non-concurrence vient compléter ce dispositif de protection du repreneur. Elle doit être précise dans son contenu en termes de définition de métiers interdits, de périodes et de zones géographiques concernées. Elle peut s'étendre aux ayants droit qui travaillaient dans l'entreprise et au conjoint du cédant.

L'engagement de non-débauchage, pour sa part, garantit le repreneur contre toute tentative de recrutement ultérieur de collaborateurs de la société, par le cédant. La période de validité de cette clause est généralement la même que celle concernant la clause de non-concurrence.

10. La recherche de financement

La recherche des financements auprès de plusieurs banques doit s'opérer très tôt, compte tenu des délais nécessaires au traitement de ce type de dossier (intervenants multiples, contre-garantie Bpifrance, décision au niveau de la direction des opérations spéciales), et du temps nécessaire pour négocier les propositions des banques (taux et garanties). La mise en concurrence systématique de quatre ou cinq banques permet d'obtenir de meilleures conditions, et de lever tout ou partie des cautions personnelles.

Idéalement, le montage financier ne doit être ni trop tendu, ni reposer sur des prévisions trop optimistes. Il s'appuie sur une analyse approfondie de la rentabilité passée et prend en compte les investissements futurs à réaliser, tout en laissant une marge de manœuvre importante (30 %) pour les remboursements futurs.

L'équilibre doit être recherché entre les apports et l'endettement, afin de sécuriser le montage. Les dossiers de reprise de PME reposent en moyenne sur 1/4 de fonds propres et 3/4 de crédit moyen terme, d'une durée de sept ans.

> **Attention aux distributions de dividendes excessives lors du rachat de l'entreprise qui risquent de handicaper son avenir. L'entreprise doit disposer d'une trésorerie positive après la reprise, afin de bénéficier des moyens d'action qui favoriseront son développement.**

Il faut prévoir une marge de manœuvre personnelle en n'apportant pas toutes ses disponibilités de façon à pouvoir soutenir l'entreprise ultérieurement si besoin est, ce qui rassurera les partenaires financiers.

> **À RETENIR**
>
> La caution personnelle est très largement demandée (70 % des dossiers). Elle vient, en principe, compenser un manque d'apport du repreneur. Dans la pratique, elle est très mal vécue et constitue une pression qui pèse sur les décisions de tous les jours. Si l'on ne peut pas y échapper, il convient de la limiter dans son montant et sa durée en s'appuyant sur une garantie externe, du type Bpifrance ou société de caution mutuelle.

L'augmentation des apports et l'absence de caution restent, malgré tout, la meilleure solution. La montée en puissance du capital-risque au cours des dernières années offre aujourd'hui de réelles opportunités aux repreneurs, qui ont tout à gagner dans ce partenariat (renforcement financier, appui stratégique, crédibilité accrue).

11. La reprise effective

Le premier facteur clé de succès pour l'ensemble des repreneurs interrogés est la capacité de communication. Il faut très vite rassurer, écouter, convaincre, séduire les différents acteurs et partenaires de l'entreprise (salariés, clients, fournisseurs, banquiers), tout en se méfiant de l'encadrement vis-à-vis duquel le repreneur ne bénéficie d'aucune légitimité, n'ayant pas créé l'entreprise.

En cas de pluralité d'actionnaires repreneurs, un seul doit se révéler être le véritable patron au quotidien, tant devant les salariés qui ont besoin d'une organisation claire, que devant les partenaires qui veulent sentir un dirigeant « à la barre » de l'entreprise. Il est donc essentiel de prévoir un bon pacte d'actionnaires qui permette les déblocages de situation en cas de conflit entre associés.

Le nouvel arrivant aura soin de s'imposer progressivement, en respectant la culture de l'entreprise. Textuellement, il lui est recommandé de se mettre dans les « chaussons » du cédant, pour respecter un temps d'observation de trois à six mois avant de procéder aux changements qu'il juge nécessaires.

> **Attention à ne pas modifier trop rapidement une équipe qui gagne.**

L'aspect humain est déterminant en interne comme en externe. Il convient de rester humble, de prendre conseil en interne comme en externe sur les actions à mener, de ne pas irriter le cédant durant la phase de passation du pouvoir.

Cette période de partage des commandes de l'entreprise est le plus souvent difficile à vivre par le repreneur. Elle l'empêche de s'affirmer comme le véritable patron et de prendre certaines mesures qui remettent en cause l'organisation passée.

Il faut rechercher un passage de témoin progressif sur trois à six mois. Dans la mesure où le repreneur est du métier, ce délai peut et doit être réduit afin de favoriser sa liberté de manœuvre. En fait, il ne peut y avoir durablement deux patrons à la tête d'une entreprise.

À RETENIR

Dans la pratique, la durée moyenne de passation de pouvoir est le plus souvent courte. Dans notre échantillon :
- 15 % des repreneurs n'ont pas bénéficié d'accompagnement du cédant ;
- 40 % sont restés moins de trois mois ;
- 30 % ont été présents de trois à six mois ;
- 15 % ont été là plus de six mois.

Les différentes étapes d'un projet de reprise

Cette première période d'observation passée, le repreneur doit s'imposer rapidement comme le nouveau patron et prendre les mesures d'économies de frais généraux, de restructuration et d'investissement indispensables à une meilleure productivité et au développement de l'entreprise.

Zoom n° 7

Recommandation

La mise en place d'un système d'information fiable est vivement conseillée afin de bien maîtriser l'évolution de l'entreprise. Parmi les différents moyens évoqués, citons :
- l'informatisation de l'entreprise ;
- la mise en place de tableaux de bord ;
- le suivi précis des chantiers, des prix de revient, de la qualité et de la trésorerie.

Parallèlement, le repreneur doit rassurer, apaiser les craintes et remotiver le personnel qui connaît naturellement une période d'incertitude et de flottement à l'occasion du changement de dirigeant. Il peut utiliser différents leviers, parmi lesquels :

- l'intéressement ;
- la formation continue ;
- la transparence au niveau des résultats ;
- la mise en place de petites choses qui facilitent le quotidien : nouvelle machine à café, nouveaux matériels de chantier, etc.

Pour réussir, le repreneur doit très vite gagner la confiance de son personnel et s'entourer d'une bonne équipe sur laquelle il pourra compter. Il aura ainsi la possibilité de se mettre en retrait de temps en temps, et pourra plus facilement conserver une vision à moyen long terme de son entreprise.

☛ *En guise de synthèse*, *une grille d'analyse est fournie en annexe 1 afin de mettre en évidence les points forts et les risques de votre projet de reprise.*

Partie 2

Le montage juridique et fiscal

4

QUEL MODE DE REPRISE CHOISIR ?

1. Dans le cas d'une reprise par une personne physique

Le choix du mode de reprise est important à plusieurs titres, puisqu'il détermine à la fois la responsabilité du repreneur, les charges supportées par l'entreprise et la capacité de remboursement de la dette de reprise.

En la matière, de nombreux choix s'offrent au repreneur, dégageant des revenus disponibles distincts variant de un à trois selon le mode de reprise et le mode de remboursement choisis ; autant dire que ce choix conditionne non seulement la réussite de l'opération, mais également le futur niveau de vie du repreneur.

1.1. La reprise d'actifs ou de titres

1.1.1. L'achat d'actifs professionnels

Avantages

La reprise d'actifs seuls, qu'il s'agisse de fonds de commerce ou de matériels, permet d'éviter tous risques liés à la gestion passée. Les engagements pris par le prédécesseur comme les conséquences fiscales et sociales de sa gestion lui restent opposables.

Le repreneur démarre sur des bases nouvelles sur le plan fiscal et administratif (nouveau SIREN), tout en bénéficiant immédiatement d'un outil de travail opérationnel et d'un minimum de clientèle.

Inconvénients

Le rachat des stocks pose un triple problème :

- le financement est généralement assuré sur une période courte par le cédant ou une banque ;
- aucune garantie n'est possible à l'exception des warrants (garantie sur stock du type Auxiga) ;
- la TVA sur stocks doit être avancée, ce qui peut contraindre le repreneur à négocier une avance de trésorerie correspondante dans l'intervalle de la récupération de son crédit de TVA.

Par ailleurs, l'ensemble des aides, subventions et exonérations dont a pu bénéficier le prédécesseur ainsi que les crédits d'impôts et reports déficitaires dont il peut profiter ne sont pas transférés au repreneur.

Contraintes juridiques

Il s'agit surtout de la reprise obligatoire des salariés et de leurs contrats de travail (article L. 1234-7 à 12 du nouveau Code du travail) ainsi que l'ensemble des contrats en cours (baux commerciaux, assurances, leasing, etc.).

Le repreneur doit donc être extrêmement vigilant sur la nature des contrats repris, principalement en matière de contrats de travail, les éventuels coûts de licenciements ultérieurs étant à sa charge.

Contrainte fiscale pour le cédant

Pour le cédant, la taxation de la plus-value réalisée dépendra du montant du prix de vente :

- lorsque le prix de vente est inférieur à 300 000 €, les cessions de branches complètes d'activité sont exonérées d'IR ou d'IS ;
- lorsque le prix de vente est compris entre 300 000 et 500 000 €, la plus-value est exonérée de manière dégressive ;

- lorsque le prix de vente est supérieur à 500 000 €, la plus-value est taxée entièrement soit à $33^{1/3}$ % (taux normal de l'IS) lorsque le fonds de commerce est détenu par le biais d'une société soumise à l'IS, soit à 31,5 %, lorsque le fonds de commerce est détenu en direct par le cédant ou par une société soumise à l'IR.

Dans le cas d'une société soumise à l'IS, pour appréhender la trésorerie restante, le cédant devra se verser soit un salaire qui supportera les charges sociales et l'IR, soit un dividende qui supportera la CSG et l'IR.

La cession de fonds de commerce n'est donc pas nécessairement intéressante pour un cédant lorsqu'il l'exploite par le biais d'une société soumise à l'IS.

1.1.2. L'achat de titres

Avantages

- Sur le plan fiscal, les droits d'enregistrement perçus sur le transfert des titres sont limités à 3 % pour les SARL au-delà de 23 000 € de prix de cession, et 0,1 % pour les SA. Par ailleurs, la reprise des déficits fiscaux et les crédits d'impôt attachés à la personne morale constituent en eux-mêmes une réduction du prix de l'entreprise.
- Sur le plan administratif, la reprise des autorisations diverses et variées ainsi que le maintien des contrats, subventions et aides dont bénéficie la société offrent une poursuite d'activité plus fluide et plus assurée.
- Sur le plan financier, la reprise des titres permet de bénéficier des financements mis en place, tant au niveau du court terme (financement du BFR par les fournisseurs et autorisations de crédits court terme confirmées) que du moyen et long terme (crédits bancaires existants).

Inconvénients

La reprise des engagements existants et de la gestion passée du cédant constitue un réel danger pour le repreneur. Ce risque est toutefois partiellement limité par la garantie d'actif et de passif négociée avec le cédant.

Néanmoins, quels que soient son contenu et sa formulation, le repreneur est toujours à la merci d'une difficulté de mise en œuvre ou d'interprétation. Par ailleurs, le cédant peut chercher à limiter sa garantie dans son montant (plafond) ou dans son seuil de déclenchement, ce qui limite d'autant la portée de la garantie.

Enfin, la reprise des titres n'emporte pas automatiquement le maintien des contrats en cours et de leurs conditions :

- Certains contrats de crédits prévoient la possibilité pour la banque de rendre exigibles les prêts consentis en cas de changement d'actionnaires. Les autorisations de crédits court terme non confirmées dont bénéficiait l'entreprise jusqu'alors peuvent également être diminuées ou supprimées, en vertu de l'article 313-12 du Code monétaire et financier, avec un préavis de soixante jours.
- Le changement d'actionnaires peut aussi être l'occasion d'une demande de caution personnelle au nouveau dirigeant et d'une révision à la hausse des conditions sur les crédits court terme.
- Parallèlement, les fournisseurs et les organismes d'assurance-crédit peuvent réduire leurs délais de règlement et leur montant de garantie sur l'entreprise, en cas de méconnaissance du repreneur ou de craintes sur l'avenir de l'entreprise suite à sa reprise.

Le repreneur a donc tout intérêt à prendre contact rapidement avec les différents partenaires de l'entreprise, afin de se présenter et de rassurer ses interlocuteurs, en vue de négocier le maintien, voire l'amélioration, des conditions dont jouissait l'entreprise avant la reprise.

Contraintes juridiques

La reprise des contrats et des engagements pris par le prédécesseur reste, là aussi, une réalité dont le repreneur a intérêt à apprécier la portée le plus précisément possible.

La reprise de titres nécessite par ailleurs un formalisme juridique et administratif particulier, qu'il convient de respecter scrupuleusement : réunion du conseil d'administration, validation de l'acte de cession et agrément des nouveaux actionnaires par les éventuels minoritaires, modification des statuts, mise en place d'un éventuel pacte d'actionnaires, publicité légale…

1.2. La reprise totale ou progressive

1.2.1. La reprise en une fois de la totalité des titres

Avantages

Le repreneur est totalement maître chez lui. Il évite ainsi les problèmes de relations et de légitimité entre associés fondateurs et nouveaux associés. La situation est totalement claire pour le personnel et pour le cédant, qui privilégie en règle générale cette solution.

C'est d'ailleurs l'option que préconisent les conseils rencontrés dans le cadre des tables rondes réalisées à l'occasion de notre étude sur la transmission d'entreprises.

Cette solution permet de fixer définitivement le prix de la transaction. Le repreneur peut ainsi se consacrer totalement au développement de l'affaire, sans arrière-pensée sur le surcroît de prix qu'il aura à payer sur les titres qui lui restent à acheter dans le cas contraire.

Sur le plan du montage financier, une reprise globale donne une totale liberté quant au choix du mode de reprise et de remboursement.

Inconvénients

Le prix à payer immédiatement est plus important, et l'affaire risque de ne pas être réalisable par un repreneur disposant de faibles apports.

Les risques inhérents à la méconnaissance de l'entreprise sont réels, même si l'on cherche à les limiter par les garanties présentées en première partie. Néanmoins, le repreneur extérieur qui n'a pas eu l'occasion de s'immerger dans l'entreprise préalablement à la transaction court le risque de nombreuses découvertes, pour certaines désagréables, lors de la prise en main effective de la société.

L'accompagnement du cédant, dans ce cas de figure, est fondamental. Le risque d'une reprise intégrale est de voir le cédant ne pas jouer le jeu de la passation de pouvoir avec le repreneur.

1.2.2. La reprise progressive

Avantages

Du fait de la prise en main progressive de l'entreprise, le repreneur s'intègre plus facilement, et s'impose naturellement auprès du personnel et des clients. Le cédant et l'acquéreur apprennent à mieux se connaître, parfois même à s'apprécier. La transmission se réalise en douceur sur tous les plans : technique, commercial, humain et financier.

Elle se rapproche d'une transmission familiale, qui constitue la référence en termes de réussite, puisqu'elle s'opère le plus souvent en fonction des capacités financières de l'entreprise. Les moyens financiers nécessaires pour le repreneur sont plus limités. L'acquisition des titres se réalise progressivement en fonction de ses possibilités financières.

> **À RETENIR**
>
> Les modalités de cession des titres restants (calendrier, méthode de valorisation) peuvent néanmoins être fixées dès le premier achat de parts, afin de clarifier les relations entre le cédant et le repreneur. Libre à eux ensuite, en fonction de l'évolution de la société et de leurs relations, de revoir les termes des engagements qu'ils auront pris l'un envers l'autre.

Inconvénients

La cohabitation peut être difficile à supporter pour les deux parties, et être préjudiciable à la longue à l'entreprise.

La reprise progressive d'un fonds de commerce n'étant pas possible sur le plan juridique, le repreneur devra obligatoirement procéder par un rachat progressif de titres.

La détention partielle du capital va rendre difficile le remboursement des crédits souscrits par le repreneur et limiter ses choix de mode de reprise :

- s'il reprend les titres *via* un endettement personnel, son salaire supportera les charges sociales salariales (21 %) et patronales (environ 42 %), ainsi que l'IR, alourdissant d'autant le poids de la dette ;

- s'il reprend les titres *via* un holding, il ne pourra pas opter pour le régime de l'intégration fiscale, et les distributions de dividendes nécessaires au remboursement du crédit ne remonteront dans son holding qu'au prorata de son pourcentage de détention.

1.3. La reprise à titre personnel ou par le biais d'une société

Afin de mesurer et de commenter les conséquences pour le repreneur des options retenues concernant le mode de reprise et le mode de remboursement de la dette, un exemple chiffré est utilisé tout au long de ce chapitre dont les données de base sont présentées ci-après.

Exemple chiffré n° 8 – Données de base

Les éléments chiffrés concernant la cible sont les suivants :

Bilan de la cible

Actif (K€)		Passif (K€)	
Fonds de commerce	0	Capitaux propres	66
Trésorerie	66		
Total	66	Total	66

EBE de la cible : 100 K€
Valeur du fonds de commerce = 3 × EBE, soit 300 K€
Valeur des titres après réévaluation du fonds de commerce = 366 K€

Dans ce cadre, le repreneur peut donc opter pour le rachat :
- du fonds de commerce d'une valeur de 300 K€, financé à hauteur de 150 K€ par emprunt, le solde par autofinancement. Taux du crédit de 3 %. Durée sept ans. Les droits d'enregistrement se montent à 10,31 K€.
- des titres de la société pour 366 K€, et distribuer les fonds propres de 66 K€ pour financer l'acquisition. Il lui reste alors à financer 300 K€ rapporté à un EBE de 100 K€, comme dans la première option. Pour ce faire, il souscrit un emprunt de 150 K€ à un taux du crédit de 3 % sur sept ans, le solde étant autofinancé. Les droits d'enregistrements se montent également à 10,31 K€ (SARL).

Dans ces deux cas, nous considérons que les frais de l'opération (droits de mutation, frais de création de société, honoraires divers…) sont payés par le repreneur par un apport complémentaire.

1.3.1. La reprise à titre personnel

Les principales options dans le cas d'une reprise en nom personnel sont présentées ci-après sous forme d'un arbre de décision.

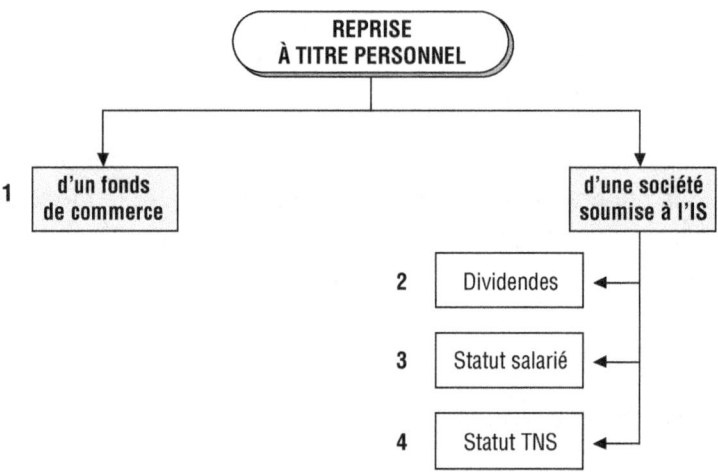

1.3.1.1. La reprise d'un fonds de commerce en nom propre (1)

Avantages

Outre la rapidité et la simplicité administrative, le repreneur peut déduire les frais inhérents au rachat du fonds de commerce de son résultat d'exploitation. Il bénéficie intégralement de la capacité d'autofinancement pour faire face aux charges de remboursement du crédit de reprise.

Inconvénients

Le repreneur est responsable indéfiniment sur ses biens personnels des dettes contractées en vue de la reprise du fonds de commerce et de son exploitation.

Le calcul de son IRPP et de ses charges sociales s'effectue à partir de son résultat, quel que soit le montant de ses prélèvements.

Après quelques années, les frais financiers diminuant dans les échéances de crédit, la fiscalité du dirigeant augmente et ses possibilités de prélèvements personnels se réduisent.

Le tableau suivant met en évidence les revenus disponibles pour le repreneur, sur la base de l'exemple chiffré présenté ci-avant, selon deux hypothèses : IRPP à 14 % et à 41 %.

Années	1	2	3	4	5	6	7	Cumul
EBE	100	100	100	100	100	100	100	700
Amortissement droits d'enregistrement	– 10,3	0	0	0	0	0	0	– 10,3
Frais financiers emprunt	– 4,5	– 3,9	– 3,3	– 2,7	– 2,0	– 1,4	– 0,7	– 18,5
Charges sociales	– 33,7	– 37,2	– 37,4	– 37,6	– 37,8	– 38,0	– 38,2	– 259,9
Remboursement capital emprunt	– 19,6	– 20,2	– 20,8	– 21,4	– 22,0	– 22,7	– 23,4	– 150
Revenu disponible IRPP à 14 %	34,6	30,0	29,7	29,5	29,2	28,9	28,7	210,5
Revenu disponible IRPP à 41 %	19,8	13,1	12,8	12,4	12,0	11,6	11,2	92,9

Dans ce cas, non seulement le repreneur a un revenu décroissant, mais en plus, il sera pénalisé lors de la revente du fonds de commerce par les droits d'enregistrement que l'acquéreur devra payer à son tour, qui viendront limiter son potentiel de plus-value.

Enfin, la reprise à titre personnel ne permet pas d'ouvrir son capital à des partenaires extérieurs. Elle limite donc la taille de la cible susceptible d'être rachetée et l'effet de levier financier pour le repreneur.

1.3.1.2. La reprise de titres de société en nom propre avec régime IS

Si le repreneur opte pour la reprise d'une société soumise à l'IS, il pourra, sous réserve du respect d'un certain nombre de critères, déduire de ses revenus imposables les droits d'enregistrement ainsi que les frais financiers de l'emprunt souscrit à titre personnel pour acquérir les titres.

Afin de faire face aux échéances d'emprunt, le dirigeant devra soit se distribuer des dividendes, soit prélever des sursalaires afin de rembourser

Reprendre une entreprise

les crédits personnels liés au rachat des titres. Le revenu disponible variera en fonction du statut social du repreneur (salarié ou TNS) et du mode de rémunération choisi (salaire ou dividende).

Par ailleurs, le repreneur est responsable indéfiniment des dettes contractées à titre personnel, en vue de la reprise des titres de la société cible.

> **À RETENIR**
>
> Depuis le 1er janvier 2009 sont déductibles au titre des frais réels les frais d'acquisition de titres et les intérêts d'emprunt contracté par les salariés ou les dirigeants pour acquérir les titres de la société dans laquelle ils exercent leur activité principale à la condition que cette opération soit utile à l'acquisition ou à la conservation de la rémunération perçue de cette société.
>
> Pour ouvrir droit à la déduction, la société doit être soumise à l'IS.
>
> Le montant des intérêts d'emprunt déductibles correspond à ceux dus pour la part de l'emprunt qui n'excède pas le triple de la rémunération annuelle allouée au salarié ou au dirigeant. Dans le cas d'une acquisition de titres financée à la fois par un apport en fonds propres et par un emprunt, la fraction des intérêts déductibles doit tenir compte de cet apport en fonds propres. Appliqué à notre exemple chiffré, le droit à déduction des intérêts d'emprunt se calcule comme suit :
>
> **Données de base :**
> - Apport : 150 K€.
> - Emprunt : 150 K€ à 3 %, qui génèrent un montant total d'intérêts de 18,5 K€.
> - Rémunération annuelle : 70 K€.
>
> **Calcul des intérêts financiers déductibles :**
>
> La part de la rémunération annuelle correspondant à la part de l'acquisition financée par emprunt s'élève à : 70 × 150 / 300 = 35 K€.
>
> Le triple de cette part de rémunération est égal à 105 K€, montant inférieur au montant de l'emprunt.
>
> Le montant des intérêts déductibles s'élève en conséquence à 12,95 K€ calculé comme suit : (105 / 150) × 18,5 K€.
>
> Au titre de chaque année d'imposition, le repreneur pourra déduire seulement 70 % (105 / 150) des intérêts qu'il sera amené à payer.
>
> Ce texte, compte tenu de ses conditions de mise en œuvre, s'applique au cas par cas en fonction de la situation personnelle de l'intéressé. Aussi avons-nous privilégié la prise en compte de l'abattement forfaitaire de 10 % sur les salaires et traitements imposables à l'IRPP dans la construction des tableaux comparatifs de revenus présentés ci-après, dispositif applicable au plus grand nombre.

Revenu disponible sur la base d'une rémunération sous forme de dividendes principalement (2) :

Années	1	2	3	4	5	6	7	Cumul
Revenu disponible IRPP à 14 %	30,3	29,8	29,8	29,7	29,7	29,7	29,6	208,6
Revenu disponible IRPP à 41 %	19,1	18,7	18,7	18,7	18,6	18,6	18,6	131,1

L'hypothèse retenue comprend une rémunération minimale en tant que gérant majoritaire de 760 € par mois ainsi qu'un versement volontaire à un fonds de retraite par capitalisation Madelin de 5 800 € par an, afin de permettre au repreneur de bénéficier d'une couverture sociale et d'une retraite minimale à terme.

L'excédent de la trésorerie disponible est prélevé sous forme de dividende.

Dans le calcul des revenus disponibles présenté ci-dessus, le dividende est soumis aux prélèvements sociaux, ainsi qu'au barème progressif de l'IR après un abattement de 40 % (soit un taux d'imposition d'environ 35 % dans l'hypothèse d'un IRPP à 41 %).

Revenu disponible avec statut salarié et prélèvement de sursalaires (3) :

Années	1	2	3	4	5	6	7	Cumul
Revenu disponible IRPP à 14 %	24,3	24,3	24,3	24,3	24,3	24,3	24,3	170,0
Revenu disponible IRPP à 41 %	10,3	10,3	10,3	10,3	10,3	10,3	10,3	72,0

Il s'agit de la solution la plus mauvaise au niveau des flux de trésorerie disponible, compte tenu du poids des charges sociales salariales et patronales.

Revenu disponible avec statut TNS et prélèvement de sursalaires (4) :

Années	1	2	3	4	5	6	7	Cumul
Revenu disponible IRPP à 14 %	37,5	37,5	37,5	37,5	37,5	37,5	37,5	262,8
Revenu disponible IRPP à 41 %	20,4	20,4	20,4	20,4	20,4	20,4	20,4	142,9

C'est la solution la meilleure des quatre options présentées, dans l'hypothèse d'une reprise à titre personnel.

1.3.2. La reprise par le biais d'une société

Différentes options s'offrent au repreneur dans ce cas de figure :
- reprendre un fonds de commerce ou des titres de société ;
- opter pour le régime des BIC ou pour l'IS ;
- décider de se rémunérer sous forme de salaire ou de dividendes.

Selon le montage, des opportunités ou des contraintes fiscales apparaissent, qui ont des répercussions très importantes sur le revenu disponible.

Après avoir énoncé les avantages et inconvénients de la reprise en société, nous présentons les principaux montages à la disposition du repreneur avec, pour chacun d'entre eux, le revenu disponible calculé à partir de l'exemple chiffré présenté en début de partie.

Par souci de simplification, nous ne présentons ci-après que les montages comprenant une société de reprise soumise à l'IS, qui correspond au schéma classique mis en œuvre dans la plupart des opérations de reprise d'entreprise.

Si constituer une société de reprise à responsabilité limitée soumise à l'IR est bien évidemment envisageable, les montages qui en découlent n'apportent aucune amélioration en termes de disponibilités dégagées pour le repreneur par rapport à une reprise réalisée en direct. Le seul avantage réside dans la possibilité pour le repreneur de distinguer son patrimoine privé et professionnel.

1.3.2.1. Les avantages et inconvénients de la reprise en société

Avantages

Le premier avantage réside dans la capacité du repreneur à limiter son engagement et sa responsabilité vis-à-vis des banques et des tiers au montant de son apport en capital, dans la mesure où il crée une société de capitaux.

La personne morale à responsabilité limitée constituée par le repreneur emprunte pour réaliser l'opération et donne en garantie les actifs faisant l'objet du financement (nantissement du fonds de commerce ou des titres de la société reprise).

> Si les fonds propres de la société sont faibles en regard de l'emprunt sollicité, la caution personnelle du repreneur pourra être demandée par les banques.
> Il existe plusieurs solutions permettant de limiter cet engagement personnel.

☞ *Cf. « Les garanties alternatives », chapitre 9 de la troisième partie.*

La reprise sous forme sociétale offre un deuxième avantage : la possibilité de s'associer pour réaliser l'opération. L'addition des compétences, des expériences et des moyens financiers des différents actionnaires permet de renforcer les capacités d'intervention du repreneur, initiateur et porteur du projet et de rassurer les partenaires financiers.

En s'entourant et en constituant ni plus ni moins un véritable « conseil d'administration » autour de lui, le repreneur se dote à la fois d'un effet de levier financier, mais également d'un formidable miroir pour rompre l'isolement du chef d'entreprise. S'ajoute à cela la capacité, pour développer la société, de s'appuyer sur un réseau relationnel très directement intéressé au bon fonctionnement de l'entreprise.

Inconvénients

L'association peut faire craindre à certains une perte d'autonomie ou de pouvoir, liée au partage du capital. Des solutions existent, permettant au repreneur actif de conserver le pouvoir dans une société, avec ou sans la majorité du capital (*cf.* chapitre 6).

- Sur le plan juridique :
  Le formalisme juridique lié à la constitution et au fonctionnement d'une société peut également être perçu comme un frein par

un repreneur, qui souhaite agir avec rapidité et simplicité, tout en limitant les frais.

Cet argument est certainement justifié en matière de SA (capital minimal élevé de 37 000 euros, important nombre minimal d'associés de 7, nomination obligatoire d'un commissaire aux comptes) et de SCA.

Il l'est beaucoup moins en matière de constitution d'EURL, de SARL ou de SAS, dont le formalisme et les contraintes sont limités : capital minimal de 1 €, associé unique possible, pas d'exigence de commissaire aux comptes dans la limite des obligations fixées par la loi.

- Sur le plan fiscal :

Les personnes physiques qui réalisent une reprise *via* une société soumise à l'IS peuvent, sous réserve du respect d'un certain nombre de conditions, bénéficier d'une réduction d'impôt égale à 18 % des sommes investies au capital, à concurrence d'un montant plafonné à 50 000 € par an pour un célibataire et 100 000 € pour un couple.

La fraction des investissements excédant la limite annuelle ouvre droit à une réduction d'impôt dans les mêmes conditions au titre des quatre années suivantes.

La société bénéficiaire doit toutefois remplir des conditions assez strictes limitant assez fortement l'accès à cette réduction d'impôt, dont les conditions d'application sont détaillées au chapitre 3 (*cf.* Les incitations fiscales existantes, p. 152). De ce fait, cet avantage fiscal n'a pas été pris en compte dans la construction des tableaux comparatifs de revenus présentés ci-après.

1.3.2.2. Principaux choix possibles pour un repreneur qui opte pour l'IS dans sa société de reprise

L'arbre de décision ci-après présente les principales solutions possibles.

- La reprise d'un fonds de commerce *via* une société soumise à l'IS

Avantages

Outre les avantages déjà énoncés liés à la reprise en société (responsabilité limitée aux apports, possibilité de donner en garantie le fonds de commerce, possibilité de s'associer), la reprise d'un fonds de commerce

Quel mode de reprise choisir ?

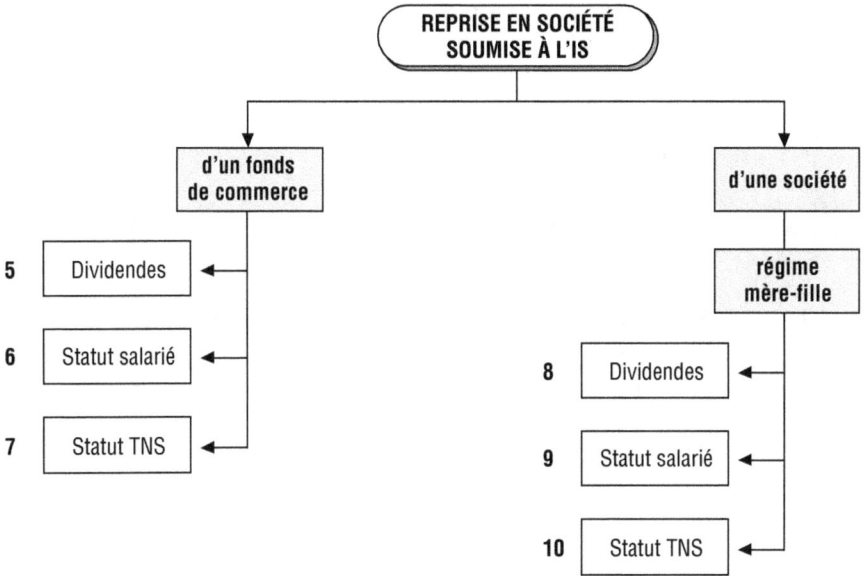

permet de déduire du résultat d'exploitation les frais financiers de l'emprunt de reprise, et cela quel que soit le régime fiscal adopté par la société (BIC ou IS). La partie capital de l'emprunt est remboursée par prélèvement direct sur la trésorerie de la société, évitant ainsi les déperditions fiscales évoquées précédemment, en cas de reprise à titre personnel (sursalaires entraînant charges sociales et IR).

Par ailleurs, lorsqu'il voudra céder son activité, le dirigeant pourra vendre le fonds de commerce seul ou les titres de la société. La cession des titres limitant les droits d'enregistrement à la charge du repreneur, dans le cadre d'une SA, le cédant pourra réaliser plus facilement sa vente en en tirant éventuellement un meilleur prix.

Inconvénients

Les inconvénients sont les mêmes que ceux énoncés précédemment, soit principalement la perte d'autonomie en cas d'association au capital et le formalisme juridique propre aux sociétés.

Revenus disponibles

Trois cas se présentent au repreneur, selon qu'il choisit une rémunération sous forme de dividendes ou de salaire et qu'il est salarié ou TNS dans la société.

– **Rémunération sous forme de dividendes principalement (5) :**

Années	1	2	3	4	5	6	7	Cumul
Revenu disponible avec IRPP à 14 %	39,6	36,4	36,2	36,0	35,8	35,6	35,4	255,1
Revenu disponible avec IRPP à 41 %	31,3	28,7	28,6	28,4	28,2	28,1	27,9	201,1

– **Rémunération sous forme de salaire avec statut salarié (6) :**

Années	1	2	3	4	5	6	7	Cumul
Revenu disponible avec IRPP à 14 %	36,0	35,2	35,1	35,1	35,0	34,9	34,9	246,2
Revenu disponible avec IRPP à 41 %	26,0	25,4	25,3	25,3	25,3	25,2	25,2	177,8

– **Rémunération sous forme de salaire avec statut TNS (7) :**

Années	1	2	3	4	5	6	7	Cumul
Revenu disponible avec IRPP à 14 %	44,1	42,8	42,8	42,7	42,7	42,7	42,7	300,6
Revenu disponible avec IRPP à 41 %	31,9	30,9	30,9	30,9	30,9	30,8	30,8	217,0

Il s'agit d'un montage simple et intéressant, quelle que soit la tranche marginale d'imposition du repreneur.

Le revenu disponible est supérieur de près de 20 % à la formule précédente qui est pénalisée par les charges sociales qui pèsent sur les revenus de salariés (gérant minoritaire de SARL, président de SA ou de SAS).

- La reprise d'une société soumise à l'IS *via* une société soumise à l'IS

Avantages

Outre les différents avantages déjà mis en avant, inhérents à une reprise de société, la reprise des titres d'une société soumise à l'IS permet de bénéficier de trois options fiscales distinctes, dont une, l'intégration fiscale, est particulièrement intéressante.

Quel mode de reprise choisir ?

Inconvénients

La lourdeur administrative et financière liée à la gestion de deux sociétés soumises à l'IS, notamment dans le cadre de l'intégration fiscale, est un inconvénient majeur ; s'agissant de deux personnes morales distinctes, les opérations financières entre les deux sociétés sont strictement réglementées.

> **Attention aux notions d'abus de pouvoir et de biens sociaux.**
> **Le prochain chapitre aborde les interdits et les limites en matière de remontée de trésorerie dans un holding.**

Options fiscales possibles

Elles sont présentées ci-après, de la plus simple à la plus contraignante, de la moins intéressante à la plus avantageuse, c'est-à-dire : le régime de droit commun, le régime mère-fille et le régime de l'intégration fiscale.

A. LE RÉGIME DE DROIT COMMUN

Aucune contrainte de détention de titres, ni en délai, ni en pourcentage.

Principe

Le dividende est fiscalisé au taux normal.

Pour un dividende de 100 : $100 \times 33,33\% = 33,33$ d'IS,
d'où un dividende à distribuer majoré d'autant, soit :

- $(100 + x) \times (100 - 33,33)\% = 100$
- $(100 + x) \times 66,67\% = 100$
- $66,67 + 0,6667x = 100$
- $0,6667x = 33,33 \Rightarrow x = 33,33 / 0,6667 \Rightarrow x = 50,00$

Exemple n° 9

Pour une charge de remboursement du holding de 100, le dividende à distribuer pour faire face aux charges de remboursement du crédit du holding sera égal à 150.

> **À RETENIR**
>
> La trésorerie à remonter pour faire face au remboursement du crédit est supérieure à l'échéance (capital + intérêts), et les frais financiers payés par le holding qui constituent un déficit fiscal ne sont pas compensables avec le résultat de la société fille.

B. LE RÉGIME MÈRE-FILLE

Contraintes

Un minimum de 5 % de titres détenus est nécessaire pour opter pour ce régime. Ils doivent être nominatifs, appartenir en pleine propriété à la société mère et avoir fait l'objet d'un engagement minimal de conservation de deux ans.

Avantages

Une exonération d'impôt sur les revenus mobiliers de la société fille, à l'exception de la réintégration d'une quote-part pour frais et charges de 5 %, crédit d'impôt compris.

Conséquence

L'impôt net à payer sur la distribution de dividende net est de :
Dividende : 100
$100 \times 5\%$ de quote-part pour frais et charges = 5
$5 \times 33,33\% = 1,666\%$ d'IS à régler en sus.

Exemple n° 10

Pour une charge de remboursement du holding de 100, le dividende à distribuer pour faire face aux charges de remboursement du crédit du holding, compte tenu de la réintégration de 5 % pour quote-part de frais et charges, sera égal à 101,7.

C. LE RÉGIME DE L'INTÉGRATION FISCALE

Contraintes

Les sociétés mère et fille doivent être soumises à l'IS, ouvrir et clôturer leurs exercices d'une durée de douze mois aux mêmes dates. Le pourcentage minimal de détention des titres de la fille est très élevé : 95 %. L'option pour ce régime est de cinq ans et toute sortie anticipée est pénalisante pour le groupe sur le plan fiscal.

Avantages

Les résultats du groupe sont totalement intégrés, ce qui permet la compensation des déficits chroniques du holding avec les bénéfices de la société cible. Concrètement, les intérêts des emprunts souscrits par le holding viennent s'imputer, dans le cadre de la détermination du résultat d'ensemble, sur les bénéfices de la cible.

L'option pour l'intégration fiscale permet, de plus, de bénéficier de la neutralisation de la réintégration de 5 % pour quote-part de frais et charges sur les produits de participations.

Exemple n° 11

Charge de remboursement du holding = 100 dont 50 de frais financiers. Dividendes à distribuer avec option pour le régime de l'intégration fiscale = 100, le principe de l'exonération d'impôt sur les distributions de dividendes étant applicable.

En complément, le régime de l'intégration fiscale permet d'alléger la charge d'impôt de la société fille en déduisant de son résultat d'exploitation les frais financiers du holding. Soit, dans le cas présent, une économie d'impôt de $50 \times 33,33\ \% = 16,67$.

Soit un gain de trésorerie qui permet de ramener la trésorerie nette affectée au remboursement du crédit à $100 - 16,67 = 83,33$.

À comparer aux distributions de dividendes nécessaires dans le régime de droit commun, de 150, soit un écart de près de 45 %.

Le choix du régime fiscal

Bien que le régime de l'intégration fiscale paraisse être la meilleure des solutions dans le cas d'une reprise de titres du fait de l'imputation des charges du holding sur les résultats de la cible, il apparaît que cette option ne doit être retenue que lorsque le niveau d'endettement du holding dépasse un montant d'environ 400 K€. En deçà de ce montant, il est généralement préférable d'opter pour le régime mère-fille.

Le régime de l'intégration fiscale conduit à la création d'une seule personne morale sur le plan fiscal, le taux d'imposition réduit de 15 % jusqu'à 38 120 € n'est donc pris en considération qu'une seule fois.

Avec le régime mère-fille, chaque société conserve le bénéfice de ce taux réduit. Pour profiter pleinement de cet avantage, il est nécessaire que la société holding dégage un résultat positif.

L'optimisation du montage consiste alors à activer le holding (c'est-à-dire lui donner une activité commerciale en y logeant par exemple son activité de direction), et à facturer des prestations de service à la société cible afin de couvrir les charges de direction supportées par le holding. Il est alors possible d'intégrer une marge raisonnable sur ces prestations (comprise entre 5 et 10 %) permettant de remonter du résultat sur le holding, afin de déduire tout ou partie des frais financiers de l'emprunt de reprise.

Au final, ce montage permet de se placer dans une situation très proche de l'intégration fiscale sans en avoir les inconvénients.

> **À RETENIR**
>
> Afin d'éviter que ce montage ne soit requalifié fiscalement, il convient que la société cible soit une SAS, et que le holding en assure la présidence. En effet, des jurisprudences récentes ont considéré comme nulles des conventions de prestations de service rendues par un dirigeant logé dans une société holding, tout en étant par ailleurs gérant non appointé de la société d'exploitation (SARL).

Revenus disponibles dans le cas du régime mère-fille :

Selon les trois modes de rémunération envisagés jusqu'alors.

– **Rémunération sous forme de dividendes principalement (8) :**

Années	1	2	3	4	5	6	7	Cumul
Revenu disponible avec IRPP à 14 %	33,6	33,1	33,1	33,1	33,0	33,2	33,2	232,4
Revenu disponible avec IRPP à 41 %	26,4	26,1	26,1	26,0	26,0	26,1	26,1	182,8

Option inintéressante, compte tenu du peu de gain de revenu.

– **Rémunération sous forme de salaire avec statut salarié (9)** :

Années	1	2	3	4	5	6	7	Cumul
Revenu disponible avec IRPP à 14 %	33,8	33,8	33,8	33,8	33,8	33,8	33,7	236,3
Revenu disponible avec IRPP à 41 %	24,4	24,4	24,4	24,4	24,4	24,4	24,4	170,6

Solution peu intéressante sur le plan du revenu disponible pour les raisons déjà énoncées.

– **Rémunération sous forme de salaire avec statut TNS (10)** :

Années	1	2	3	4	5	6	7	Cumul
Revenu disponible avec IRPP à 14 %	42,0	42,0	42,0	42,0	42,0	42,0	42,0	293,7
Revenu disponible avec IRPP à 41 %	30,3	30,3	30,3	30,3	30,3	30,3	30,3	212,0

Cette solution est préférable aux deux précédentes, mais reste moins intéressante que la reprise d'un fonds de commerce *via* une société soumise à l'IS (7).

> **À RETENIR**
>
> En conclusion, le régime mère-fille ne permettant pas de bénéficier de la déduction des frais du holding, reste un montage moins intéressant que le rachat de fonds de commerce.

1.3.3. Classement des revenus disponibles en fonction du choix de reprise et du mode de remboursement

Le tableau ci-après reprend et classe les principaux choix possibles par ordre décroissant d'intérêt.

Avec un IRPP de 14 %

Montage	Reprise de	Par	Régime fiscal	Rémunération dirigeant	Années							Total
					1	2	3	4	5	6	7	
7	FdC	Sté IS		Statut TNS	44,1	42,8	42,8	42,7	42,7	42,7	42,7	300,6
10	Sté IS	Sté IS	Régime mère-fille	Statut TNS	42,0	42,0	42,0	42,0	42,0	42,0	42,0	293,7
4	Sté IS	En propre		Statut TNS	37,5	37,5	37,5	37,5	37,5	37,5	37,5	262,8
5	FdC	Sté IS		Dividende	39,6	36,4	36,2	36,0	35,8	35,6	35,4	255,1
6	FdC	Sté IS		Statut salarié	36,0	35,2	35,1	35,1	35,0	34,9	34,9	246,2
9	Sté IS	Sté IS	Régime mère-fille	Statut salarié	33,8	33,8	33,8	33,8	33,8	33,8	33,7	236,3
8	Sté IS	Sté IS	Régime mère-fille	Dividende	33,6	33,1	33,1	33,1	33,0	33,2	33,2	232,4
1	FdC	En propre		Exploitant individuel	34,6	30,0	29,7	29,5	29,2	28,9	28,7	210,5
2	Sté IS	En propre		Dividende	30,3	29,8	29,8	29,7	29,7	29,7	29,6	208,6
3	Sté IS	En propre		Statut salarié	24,3	24,3	24,3	24,3	24,3	24,3	24,3	170,0

Quel mode de reprise choisir ?

Avec un IRPP de 41 %

Montage	Reprise de	Par	Régime fiscal	Rémunération dirigeant	Années							Total
					1	2	3	4	5	6	7	
7	FdC	Sté IS		Statut TNS	31,9	30,9	30,9	30,9	30,9	30,8	30,8	217,0
10	Sté IS	Sté IS	Régime mère-fille	Statut TNS	30,3	30,3	30,3	30,3	30,3	30,3	30,3	212,0
5	FdC	Sté IS		Dividende	31,3	28,7	28,6	28,4	28,2	28,1	27,9	201,1
8	Sté IS	Sté IS	Régime mère-fille	Dividende	26,4	26,1	26,1	26,0	26,0	26,1	26,1	182,8
6	FdC	Sté IS		Statut salarié	26,0	25,4	25,3	25,3	25,3	25,2	25,2	177,8
9	Sté IS	Sté IS	Régime mère-fille	Statut salarié	24,4	24,4	24,4	24,4	24,4	24,4	24,4	170,6
4	Sté IS	En propre		Statut TNS	20,4	20,4	20,4	20,4	20,4	20,4	20,4	142,9
2	Sté IS	En propre		Dividende	19,1	18,7	18,7	18,7	18,6	18,6	18,6	131,1
1	FdC	En propre		Exploitant individuel	19,8	13,1	12,8	12,4	12,0	11,6	11,2	92,9
3	Sté IS	En propre		Statut salarié	10,3	10,3	10,3	10,3	10,3	10,3	10,3	72,0

Légende :
1. reprise à titre personnel d'un fonds de commerce
2. reprise à titre personnel d'une société à l'impôt sur les sociétés (IS), revenus *via* dividendes principalement
3. reprise à titre personnel d'une société à l'impôt sur les sociétés (IS), revenus *via* salaire
4. reprise à titre personnel d'une société à l'impôt sur les sociétés (IS), revenus *via* rémunération de TNS
5. reprise en société soumise à l'IS d'un fonds de commerce, revenus *via* dividendes principalement
6. reprise en société soumise à l'IS d'un fonds de commerce, revenus *via* rémunération de TNS
7. reprise en société soumise à l'IS d'un fonds de commerce, revenus *via* salaire
8. reprise en société soumise à l'IS d'une société soumise à l'IS régime mère-fille, revenus *via* dividendes
9. reprise en société soumise à l'IS d'une société soumise à l'IS régime mère-fille, revenus *via* salaire
10. reprise en société soumise à l'IS d'une société soumise à l'IS régime mère-fille, revenus *via* rémunération de TNS.

En synthèse, le meilleur montage de tous sur le plan des revenus disponibles est le montage n° 7 qui correspond à la reprise d'un fonds de commerce *via* une société soumise à l'IS avec un statut de TNS.

Les avantages de cette formule sont :
- la simplicité ;
- l'imputation des frais financiers sur le résultat d'exploitation ;
- la possibilité d'utiliser l'intégralité de la trésorerie dégagée par la CAF ;
- des charges sociales réduites du fait du statut TNS.

Lorsque la reprise de fonds de commerce n'est pas possible et que le repreneur doit faire l'acquisition des titres de la société cible, c'est le montage n° 10 qui présente les revenus disponibles les plus élevés : reprise *via* une société soumise à l'IS avec option pour le régime mère-fille et un statut de TNS.

Afin d'optimiser ce montage, il est nécessaire de mettre en place des frais de gestion au profit du holding afin de remonter de la marge sur cette société et ainsi déduire les intérêts financiers des emprunts de reprise. Par ailleurs, le groupe de société n'ayant pas opté pour l'intégration fiscale, le taux d'impôt sur les sociétés est de 15 % pour la cible et pour le holding.

Ce schéma permet donc de se placer dans une situation similaire à l'intégration fiscale, sans en avoir les inconvénients. Pour des dossiers de reprise nécessitant des niveaux d'endettement plus importants (> 400 K€), l'intégration fiscale constitue la solution à privilégier.

Enfin, on peut noter que les solutions s'appuyant sur des rémunérations de salarié sont, de loin, les plus pénalisantes en termes de revenu disponible.

1.4. La location-gérance du fonds de commerce

La location-gérance, également appelée « gérance libre », permet à un propriétaire de louer son fonds de commerce à un exploitant à ses risques et périls soit pour des raisons personnelles (l'incapacité temporaire à gérer soi-même par exemple), soit pour permettre au locataire d'apprécier la valeur du fonds en vue d'une future cession.

1.4.1. Intérêt pour le repreneur

Le principal avantage est la possibilité de tester le potentiel de l'entreprise à racheter préalablement à son acquisition.

Cette formule peut également permettre au futur repreneur de renforcer sa capacité d'apport, dans la mesure où la rentabilité espérée de l'entreprise est supérieure à sa rémunération actuelle.

1.4.2. Risques et limites associés

Le principal inconvénient réside dans l'impossibilité de mettre en place une promesse de vente et d'achat croisée entre le cédant et le repreneur, susceptible de rassurer l'un et l'autre sur le débouclage de l'opération.

L'existence d'un tel document, s'il était connu des impôts, conduirait à une taxation immédiate de la cession au titre des droits d'enregistrement pour le repreneur et de la plus-value pour le cédant.

1.4.2.1. Pour le repreneur

Au terme de la location-gérance, le propriétaire, s'il ne s'est pas engagé à vendre son fonds, peut le récupérer (clientèle et matériel compris) et reprendre une gestion à titre personnel ou louer le fonds à un autre locataire.

La promesse synallagmatique étant impossible, le loueur de fonds aura tendance, pour se rassurer sur les intentions du locataire, à exiger une promesse d'achat de sa part, sans s'engager lui-même sur l'issue de la location-gérance.

Une telle position est bien évidemment très inconfortable pour un éventuel repreneur, qui risque de voir son travail de développement de l'entreprise profiter à terme au loueur de fonds.

Son intérêt est bien évidemment contraire. Il doit chercher à négocier une promesse de vente de la part du loueur à une échéance courte (18 à 36 mois) et à un prix soit déterminé, soit déterminable facilement.

1.4.2.2. Pour le cédant

Selon le Code du commerce, le propriétaire d'un fonds de commerce est solidairement responsable de l'ensemble des dettes contractées par le locataire gérant pendant les six premiers mois suivant la publication du contrat de gérance libre.

Au-delà, le Code des impôts stipule que le propriétaire reste responsable indéfiniment et solidairement des impôts directs dus par le locataire gérant.

Par ailleurs, même si le locataire honore l'ensemble de ses dettes, la valeur économique du fonds peut diminuer au fur et à mesure de la location-gérance, du fait par exemple d'une perte de clientèle progressive ou d'un non-renouvellement des matériels nécessaires à l'exploitation.

Il s'agit là de risques considérables qui limitent dans les faits ce type de montage, soit à des opérations de cogestion entre le cédant et le futur repreneur *via* une nouvelle société d'exploitation détenue à parts égales, soit à des locations à des membres de la famille ou des salariés connus de longue date.

1.5. La location des titres de la société cible

La loi en faveur des PME d'août 2005 a introduit dans son article L. 239-1 du Code de commerce ce nouveau dispositif de transmission d'une entreprise.

La période de location constitue une sorte de période d'essai pour le repreneur, qui peut bénéficier d'une promesse de cession unilatérale à un prix prédéterminé ou déterminable convenu entre les parties, à horizon donné.

Il s'agit donc là d'une innovation juridique de premier plan, susceptible d'apporter au cédant comme à l'acquéreur des réponses aux inquiétudes légitimes de toute transmission. Des inconvénients et dangers demeurent cependant pour les deux parties.

1.5.1. Principes et conditions d'application

Seules les parts sociales et les actions des sociétés soumises à l'IS sont concernées par cette mesure, à l'exception des sociétés cotées, des titres détenus par les sociétés de capital-risque ou logés dans un PEA et des titres de sociétés d'exercice libéral.

Le locataire doit obligatoirement agir en tant que personne physique. Il lui est impossible de prendre en location les titres de la cible *via* une société civile ou commerciale. Le bailleur, en revanche, peut être une personne morale ou physique. Il n'y a aucune obligation de détention préalable ou de location minimale des titres, tant pour le locataire que pour le bailleur qui fixent librement la durée du bail et le loyer.

Durant la phase de location, les décisions relatives aux modifications des statuts appartiennent au bailleur ; les autres décisions, dont celles touchant aux distributions de dividendes, sont du ressort du locataire.

1.5.2. Intérêt pour le repreneur

La période de location permet de réduire le risque économique et juridique de l'opération.

Avant même de procéder à l'achat de la société, le repreneur va pouvoir réaliser un audit grandeur nature, se faire une opinion sur le personnel et la clientèle de l'entreprise, apprécier la qualité de l'outil de travail et le potentiel du marché.

Cette période de location pourra être assortie d'une phase d'accompagnement et de passage de témoin progressif du cédant. Le temps passant, le repreneur pourra limiter ses exigences en matière de garantie d'actif et de passif, ce qui favorisera la négociation avec le cédant.

La démonstration de sa faculté de gestion de l'entreprise en bon professionnel lui facilitera enfin l'obtention des financements nécessaires à la reprise des titres. Un mécanisme de crédit-bail sur les titres de société a d'ailleurs été instauré dans la même loi permettant de financer dès l'origine la location des titres avec une option d'achat au terme.

1.5.3. Risques et contraintes associés

Comme pour la location-gérance, le principal inconvénient réside dans l'impossibilité de mettre en place une promesse de cession de titres croisée entre le cédant et le repreneur, seule susceptible de rassurer l'un et l'autre sur le débouclage de l'opération.

1.5.3.1. Pour le repreneur

Le repreneur a l'obligation de louer à titre personnel les titres de la société, les loyers payés étant toutefois déductibles des dividendes perçus en cas de distribution. En revanche, en l'absence de dividendes, ce déficit n'est pas imputable sur le revenu global, mais uniquement sur les revenus mobiliers des six années suivantes.

Le loueur peut ne pas vouloir s'engager sur une promesse de vente et ne plus vouloir céder au terme du contrat de location, malgré des engagements oraux initiaux. Le risque sera alors d'avoir à redresser ou à développer une entreprise sans pouvoir en tirer les fruits à l'issue.

Les titres doivent être évalués en début et en fin de contrat ainsi que chaque année, et l'évaluation doit être certifiée par un commissaire aux comptes.

Enfin, la sous-location ou le prêt de titres loués sont interdits.

1.5.3.2. Pour le cédant

Le loueur court le risque que le locataire fasse de mauvaises opérations et déprécie la valeur de la société, voire la conduise au dépôt de bilan. Durant la période de location et tant que les loyers lui sont payés, il n'a aucun pouvoir de gestion dans l'entreprise, ni droit à l'information vis-à-vis du locataire.

Il ne peut se prémunir contre ce risque qu'en demandant au loueur une garantie d'actif et de passif, et en fixant une période de location courte, éventuellement renouvelable.

Au terme de la période de location, le locataire peut ne pas vouloir ou ne pas pouvoir acheter la société. Il pourra, malgré tout, concurrencer directement l'entreprise en lui portant préjudice, en tant que salarié ou créateur d'une entreprise concurrente. Une clause de non-concurrence et non-débauchage du personnel de l'entreprise est donc à prévoir en annexe du contrat de location de titres.

2. Dans le cas d'une croissance externe

Définition

Il s'agit de la reprise d'un fonds de commerce ou de titres d'une ou de plusieurs sociétés par une entreprise ou un groupe existant.

Les objectifs sont, en règle générale, multiples :
- accélérer son développement pour acquérir une taille critique ;
- réaliser des gains de productivité par les économies d'échelle ;
- acquérir un savoir-faire spécifique ou complémentaire ;
- accéder à des ressources humaines difficiles à recruter ;
- développer son offre commerciale par l'élargissement de la gamme de produits/services ;
- couvrir un territoire rapidement par reprise plutôt que création ;
- supprimer un concurrent gênant.

Outre les questions relatives à la valeur de la cible, aux diagnostics et audits préalables nécessaires pour sécuriser la reprise, le problème se pose de savoir comment reprendre la cible sur le plan juridique.

2.1. Si la cible est une entreprise individuelle ou la branche d'activité d'une société

Plusieurs alternatives s'offrent au repreneur.

2.1.1. Reprendre directement les actifs via sa société existante

L'ensemble des deux activités est regroupé, dans ce cas, dans une seule société après acquisition de la cible.

```
Société A
+ actifs repris
```

Avantage

La possibilité de s'appuyer sur les ressources et la capacité d'endettement de la société existante pour financer l'acquisition du fonds de commerce.

Inconvénients

Le risque de « gangrener » l'activité existante par la confusion des patrimoines et des méthodes de travail.

La difficulté d'apprécier la rentabilité et la performance du fonds de commerce acquis, même si l'on peut mettre en place des tableaux de bord ou un semblant de comptabilité analytique.

Zoom n° 8

Recommandation

- S'il s'agit d'un petit fonds de commerce (moins de 5 salariés) et d'un métier identique ou très proche de l'entreprise existante, privilégiez cette solution dans un souci de simplicité et d'efficacité.
- Si, au contraire, les actifs ou le fonds de commerce cible sont importants ou très différents en termes d'activité, optez pour la création d'une nouvelle société afin de dissocier les activités, répartir les risques et gérer au plus près la nouvelle entité.

2.1.2. Créer une société distincte qui rachète le fonds de commerce

```
┌──────────────┐                    ┌──────────────┐
│  Société A   │                    │  Société B   │
└──────────────┘                    └──────────────┘
```

Avantages

La mise en « quarantaine » de l'activité reprise, notamment dans le cas de reprise d'une entreprise en difficulté, permet de valider son bon fonctionnement et de suivre ses principaux chiffres caractéristiques de manière certaine (chiffre d'affaires, rentabilité, trésorerie). En cas de difficultés futures, le dépôt de bilan de B ne pourra pas porter préjudice financier à la société A, si aucun lien économique n'existe entre les deux sociétés.

L'existence des deux sociétés permet plus facilement de conserver deux marques distinctes et de répondre, en cas de besoin, à des appels d'offres de manière concurrente.

Ce montage permet enfin de créer une saine concurrence en interne en comparant les performances des sociétés du groupe.

Inconvénients

Le coût de constitution et de gestion d'une seconde société : la nécessité de réaliser un apport en capital dans la nouvelle structure à titre personnel pour financer, au moins partiellement, le fonds de commerce visé. En cas d'absence de liquidités à titre personnel, il faudra, préalablement à la création de la société B, réaliser une distribution de dividende exceptionnelle qui sera fiscalisée à la tranche marginale d'imposition sur le revenu des actionnaires, et soumise aux prélèvements sociaux.

La nécessité de refacturer un minimum de frais de la société A à la société B, si la comptabilité et la direction sont logées uniquement dans la première société. La difficulté, dans ce cas, est d'apprécier le temps réellement passé par société et de mettre en place des clés de répartition des frais justes économiquement.

2.1.3. Constituer un holding qui rachète l'entreprise cible par le biais d'une société filiale

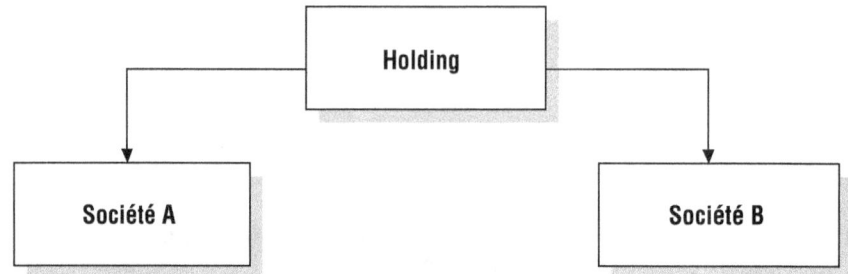

Montage

La première étape consiste à créer la société holding par apport des titres de la société A. Cette opération est réalisée en report d'imposition jusqu'à :

- la cession des titres du holding reçus en rémunération de l'apport ;
- la cession des titres apportés dans un délai de trois ans à compter de l'apport, sauf si la société holding réinvestit, dans un délai de deux ans à compter de la cession, au moins 50 % du produit de la cession dans une activité économique.

Le fonds de commerce dans une seconde étape est acquis par une filiale B créée pour ce faire, par la société holding.

Avantages

Outre les avantages évoqués au point précédent, les liquidités nécessaires à la création de la société B pourront être distribuées ou prêtées sans prélèvement fiscal. En effet, compte tenu des liens juridiques existant entre les différentes sociétés du groupe, la trésorerie du groupe peut circuler d'une société à l'autre sans fiscalité, sous réserve de la mise en place d'un certain nombre de conventions inter-société.

Il en existe trois principales :

- La convention d'intégration fiscale qui permet de compenser les résultats au niveau du groupe, si le holding détient plus de 95 % du capital de A et B. L'intégration fiscale permet d'éviter de payer de l'impôt sur une société si l'on a des pertes sur une deuxième,

mais également d'imputer les frais financiers du holding s'il est endetté, sur les résultats des filiales.
- La convention de gestion de trésorerie qui permet de légaliser les virements de trésorerie intragroupe en fixant leur mode de rémunération. L'objectif est de compenser les excédents et les besoins de trésorerie au sein du groupe afin de limiter les frais financiers court terme.
- La convention de prestations de services qui est nécessaire lorsque l'on souhaite remonter sur le holding les fonctions de management et d'administration partagées par les différentes sociétés du groupe.

Cette organisation permet :
- de transformer les filiales en sociétés de production ;
- de faciliter la mise en place d'une comptabilité analytique ;
- d'éviter les facturations de prestations de services entre filiales ;
- de transférer en cours d'année une partie du résultat des filiales sur le holding, du fait de la marge perçue sur les prestations fournies.

Inconvénients

Le coût de constitution et de gestion de deux sociétés complémentaires.

La lourdeur administrative liée à la gestion d'un groupe de sociétés.

2.2. Si la cible est une société

Dans ce cas, le repreneur peut :

2.2.1. Acquérir la société cible par le biais de sa société actuelle

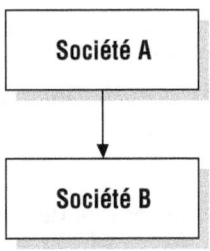

Avantages

La simplicité du montage : la société A s'endette directement pour financer l'acquisition de la société B.

Pas de nécessité de distribution de dividende aux actionnaires.

Inconvénients

Si la société B rencontre des difficultés, elle peut entraîner la société A dans sa perte en cas de liens économiques entre les deux sociétés ou de soutien financier excessif de la société A.

De même, la mise en redressement judiciaire de la société A entraînera obligatoirement celle de la société B ; celle-ci étant l'un des actifs de la société A, elle pourra être cédée par décision du tribunal pour contribuer au règlement du passif de la société A.

La vente à moyen terme de la société A emportera de fait la cession de la société B.

Zoom n° 9

Recommandation

Mettez en place les trois conventions inter-société présentées précédemment, sous réserve, concernant l'intégration fiscale, d'un taux de détention supérieur à 95 %.

2.2.2. Acquérir les titres de la société cible à titre personnel

| Société A | | Société B |

Avantages

La dissociation des risques entre les deux sociétés.

La capacité de céder l'une en conservant l'autre.

Inconvénients

La responsabilité à titre personnel des dettes souscrites pour l'acquisition de la société cible.

La nécessité de refacturer un minimum de frais de la société A à la société B, si la comptabilité et la direction sont logées uniquement dans la première société.

2.2.3. Constituer un holding sans lien avec la société A, qui achète la société B

Avantages

La dissociation des risques entre les deux sociétés. La capacité de céder l'une en conservant l'autre.

La déduction totale des frais financiers de l'emprunt de reprise sous réserve de la mise en place d'une convention d'intégration fiscale entre la société holding et la société B.

L'absence de responsabilité à titre personnel sur l'emprunt de reprise sous réserve d'absence de caution personnelle sur la dette.

Inconvénients

La création d'une société complémentaire qui engendre des frais de constitution et de gestion supplémentaires et la lourdeur administrative qui en découle.

La nécessité de réaliser un apport dans la société holding pour créer une capacité d'emprunt. Cet apport, si le repreneur n'a pas de liquidités à titre personnel, nécessitera une distribution de dividende exceptionnelle de la société A qui sera soumise au barème progressif de l'impôt sur le revenu et aux prélèvements sociaux.

Zoom n° 10

Recommandation

Mettez en place les trois conventions inter-société présentées précédemment entre le holding et la société B.

2.2.4. Constituer un holding par apport de titres de la société A qui achète la société B

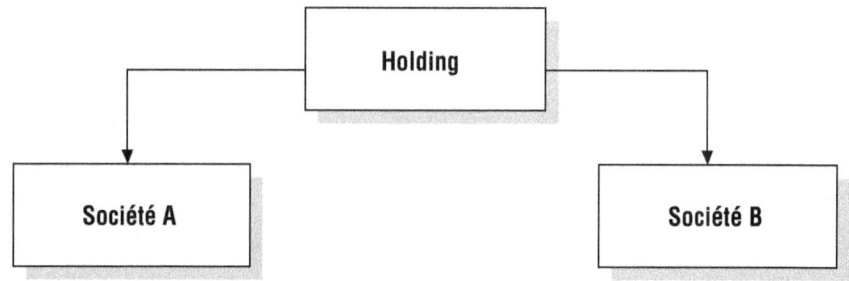

Montage

La première étape consiste à créer la société holding par apport des titres de la société A. Cette opération est réalisée en report d'imposition jusqu'à :

- la cession des titres du holding reçus en rémunération de l'apport ;
- la cession des titres apportés dans un délai de trois ans à compter de l'apport, sauf si la société holding réinvestit, dans un délai de deux ans à compter de la cession, au moins 50 % du produit de la cession dans une activité économique.

La société B est ensuite acquise par la société holding.

Avantages

Outre les avantages évoqués précédemment, les liquidités nécessaires à la création de la société B pourront être distribuées ou prêtées sans prélèvement fiscal. En effet, compte tenu des liens juridiques existant entre les différentes sociétés du groupe, la trésorerie du groupe peut circuler d'une société à l'autre sans fiscalité, sous réserve de la mise en place des conventions d'intégration fiscale et de trésorerie.

Inconvénients

Le coût de constitution et de gestion d'une société complémentaire et la lourdeur administrative liée à la gestion d'un groupe de sociétés.

3. Dans le cas d'une vente à soi-même (OBO)

Il s'agit d'un montage dont les **objectifs** sont multiples :
- Diversifier son patrimoine : l'actif professionnel devient liquide et peut être réinvesti sur des valeurs mobilières ou de l'immobilier locatif.
- Dégager des liquidités à titre personnel immédiates et conséquentes à moindre fiscalité.
- Assurer une transmission patrimoniale à ses ayants droit à faible coût fiscal : étant associés au capital de la société de reprise, une fois le crédit de reprise remboursé, la valeur de l'entreprise est transférée dans leur patrimoine à concurrence de leur participation au capital.
- Préparer une transmission de l'entreprise en douceur, en associant de manière minoritaire dans la société de reprise une partie de son personnel ou un futur repreneur.

Il existe deux **techniques financières** permettant de réaliser un OBO :
- La première, la plus simple, pour les dirigeants d'entreprises individuelles, consiste à vendre le fonds de commerce à une société qui sera créée pour ce faire. Le financement de l'acquisition du fonds de commerce est réalisé au moyen d'un apport personnel au capital et d'un emprunt moyen terme bancaire sur cinq à sept ans pour le solde.
- La seconde, un peu plus complexe, pour les dirigeants de société, consiste à constituer une société holding de rachat des titres de la société d'exploitation. Son capital sera constitué par un apport partiel des titres de la société d'exploitation. Cette opération nécessite l'intervention d'un commissaire aux comptes, qui a pour mission de valider la valeur de l'apport. Le financement du solde de l'opération est réalisé au moyen d'une distribution de dividende exceptionnelle (faiblement fiscalisée dans le cadre du

régime mère-fille) et d'un crédit bancaire moyen terme sur cinq à sept ans. Dans ce second cas, le dirigeant sera donc à la tête de deux sociétés après l'opération, la société holding possédant 100 % de la société d'exploitation.

Les **prérequis** pour réaliser un OBO sont les suivants :

- L'entreprise doit être saine, c'est-à-dire rentable de manière régulière, peu endettée à moyen terme, et disposer d'une trésorerie positive tout au long de l'année. Ces conditions sont nécessaires pour convaincre les banquiers de financer l'opération, si possible sans caution personnelle, de manière à réaliser une véritable diversification patrimoniale.
- L'effet de levier bancaire doit être raisonnable. Il convient d'éviter de fragiliser de manière trop importante l'entreprise par un endettement bancaire excessif « non productif » par nature. L'objectif n'est pas de tuer l'entreprise, mais au contraire de la redynamiser, en la contraignant à un remboursement de dette bancaire raisonnable. Pour ce faire, l'échéance annuelle de l'emprunt ne doit pas représenter plus de 50 % des bénéfices nets annuels.
- La répartition du capital de l'entreprise doit être modifiée. Le risque, dans le cas contraire, est que l'opération soit qualifiée d'abus de droit fiscal par l'administration fiscale. Pour éviter ce problème, il convient de faire entrer de nouveaux actionnaires, membres de la famille, salariés, ou investisseurs extérieurs dans la société de reprise, pour donner une dimension économique et patrimoniale à l'opération.

La **contrainte fiscale** liée à une opération d'OBO veut que les frais financiers du crédit de reprise ne sont pas déductibles dans la mesure où les actionnaires précédents sont majoritaires dans le holding de reprise (amendement Charasse).

Il est toutefois possible de limiter cet inconvénient en logeant son activité de direction dans le holding de reprise qui facture des prestations de service avec marge à la société d'exploitation.

☛ *Cf. quatrième partie, le cas MINEDORE, et site Internet, le cas ELITT.*

4. Dans le cas d'une reprise de l'immobilier professionnel

Dans la mesure où le cédant est ouvert à la cession éventuelle de ses bâtiments, notre recommandation, si l'immobilier est bien situé et en bon état, est de négocier avec le cédant une promesse de cession à un prix prédéterminé et à un horizon court (deux à trois ans), en maintenant dans l'intervalle un bail commercial classique.

L'objectif est de limiter la prise de risque initiale et la demande de financement bancaire. Si la reprise se passe mal pour une raison ou une autre, le repreneur aura perdu dans le pire des cas l'apport financier réalisé pour l'acquisition de la société d'exploitation. Si tout se passe bien, il pourra se porter acquéreur du bien immobilier au prix et à la date convenus ; situation toujours préférable au paiement d'un loyer à fonds perdu.

Dans un certain nombre de dossiers, l'immobilier fait partie intégrante de la cible à reprendre, le cédant souhaitant céder l'intégralité de ses biens professionnels en même temps.

4.1. Que faire de l'immobilier ?

Si le bien est mal situé géographiquement ou très spécifique, l'immobilier risque d'être difficilement cessible à part et a donc peu de valeur patrimoniale. La meilleure solution consiste, dans ce cas, à le laisser à l'actif de l'entreprise, et à le considérer comme une partie de l'outil de travail nécessaire à l'exploitation.

À l'inverse, si le bien est bien situé et facilement cessible compte tenu de sa nature (bureaux, entrepôts de stockage…), l'idéal est de loger l'immobilier professionnel en dehors de la société d'exploitation. Les raisons en sont multiples :

- protéger le patrimoine immobilier en cas de dépôt de bilan de la société d'exploitation ;
- conserver une capacité d'endettement bancaire maximale dans la société d'exploitation pour favoriser ses investissements et son développement, et par conséquent optimiser la création de valeur économique ;

- maximiser les valeurs de revente à terme de l'immobilier et des titres de la société d'exploitation, l'un pouvant être vendu séparément de l'autre ;
- disposer d'une source de revenus complémentaires lors de la revente de la société en conservant l'immobilier à titre personnel ;
- faciliter une répartition successorale : la partie exploitation pour les enfants exploitants par exemple, et la partie foncière pour les enfants non impliqués dans l'entreprise.

4.2. Comment reprendre l'immobilier ?

Deux situations principales peuvent se présenter.

4.2.1. L'immobilier fait partie intégrante de la cible, directement ou indirectement

- L'immobilier est à l'actif de l'entreprise, avec une éventuelle dette bancaire résiduelle au passif.
- L'immobilier a été acquis en crédit-bail par l'entreprise, et fait donc partie des engagements hors bilan (l'information figure dans l'annexe 11 de la liasse fiscale, « Engagement de crédit-bail immobilier », ligne YR).

Dans ces deux cas de figure, le montage de reprise que nous recommandons est le suivant : la création d'une société immobilière, avec un apport personnel faible compris entre 5 et 10 % de la valeur du bien, la cession de l'immobilier à la société immobilière financée par un crédit bancaire long terme sur quinze ans à taux fixe, avec un privilège de prêteur de deniers donné en garantie aux banques.

> **Attention, la plus-value sur la cession sera fiscalisée dans la société d'exploitation au taux marginal de l'IS, et la société immobilière payera des frais d'acquisition de l'ordre de 7 % du prix de cession. Toutefois, les liquidités dégagées dans la société d'exploitation permettront de régler une partie du prix d'acquisition de l'entreprise ou de conforter sa trésorerie. La cession a pour principale ambition de distinguer les risques et les patrimoines professionnels et immobilier.**

- L'immobilier est logé dans une société immobilière détenue par la société d'exploitation : si la société immobilière a opté pour l'IS, notre recommandation est de reprendre les biens logés à l'actif de la société par le biais d'une nouvelle société, comme indiqué précédemment.

4.2.2. L'immobilier est détenu par les dirigeants en direct ou par le biais d'une société (SCI ou SARL)

Si les biens sont détenus en direct ou par le biais d'une SCI ayant opté pour l'IS, il convient de privilégier la reprise des actifs *via* une nouvelle société immobilière.

Si l'immobilier est logé dans une SCI à l'IR, on peut imaginer une reprise à titre personnel des titres au moyen d'un crédit bancaire (les frais financiers seront déductibles), ou par le biais d'une société holding foncière (SARL ou SCI).

☛ *Cf. site Internet, le cas DELAVAN.*

QUEL MODE DE REMBOURSEMENT CHOISIR ?

Le choix du mode de remboursement est fondamental, d'une part parce qu'il a une incidence directe sur le revenu disponible du repreneur (choix entre prélèvement de salaire ou distribution de dividendes par exemple), d'autre part parce qu'il risque d'engager le dirigeant sur les voies de l'abus de bien social ou de l'abus de droit fiscal.

Entre les solutions possibles, les options tentantes, mais dangereuses, et les montages interdits, les marges de manœuvre sont étroites. Ce chapitre présente donc les différents choix pour le repreneur selon le mode de reprise retenu.

1. La reprise à titre personnel

1.1. D'un fonds de commerce

Dans cette hypothèse, le repreneur ne peut effectuer aucun choix quant au mode de remboursement. Il s'impose à lui, compte tenu de l'exercice de l'activité sous le régime des BIC. Il y a confusion des patrimoines professionnels et personnels. Le remboursement de l'emprunt s'effectue par prélèvement direct sur la trésorerie de l'entreprise.

1.2. De titres de société

Deux cas de figure se présentent :

1.2.1. La société bénéficie du régime des BIC

Là, les frais financiers de l'emprunt sont déductibles et le dirigeant se trouve sur le plan du mode de remboursement dans la même situation que dans l'hypothèse précédente.

1.2.2. La société est placée sous le régime de l'IS

Cette fois-ci, les frais financiers de l'emprunt souscrit à titre personnel ne sont pas déductibles, ce qui pénalise bien évidemment la capacité de remboursement du crédit.

Sur le plan du prélèvement des sommes nécessaires au remboursement du crédit, le repreneur a le choix entre deux options.

1.2.2.1. La distribution de dividendes

Cette formule est désavantageuse pour le repreneur à l'IRPP à 14 %, et la priorité doit être donnée au prélèvement de salaire en tant que gérant majoritaire pour les tranches d'imposition basses.

1.2.2.2. Le prélèvement de rémunérations complémentaires

- En tant que gérant majoritaire (statut TNS), ce système est à privilégier dans tous les cas.
- En tant que gérant minoritaire ou président de SA (statut salarié), c'est la plus mauvaise formule.

2. La reprise *via* une société holding

2.1. Les solutions envisageables et leurs limites

2.1.1. La distribution de dividendes

C'est le schéma classique par excellence. L'actionnaire peut, tout à fait légalement, choisir de distribuer des dividendes, dans la mesure où cette décision ne vient pas mettre en péril la filiale.

Avantages

Les principaux avantages sont la neutralité fiscale dans le cadre des régimes mère-fille et intégration fiscale, et la procédure transparente vis-à-vis des tiers.

Inconvénients

Le principal inconvénient réside dans le caractère erratique de toute distribution de dividendes. En effet, pour qu'il y ait distribution de dividendes, il faut soit un résultat positif sur l'exercice, soit des réserves distribuables et une trésorerie suffisante permettant une distribution exceptionnelle.

Les résultats de l'année, pour leur part, ne sont distribuables qu'après approbation préalable des comptes par les associés en AGO et constatation de l'existence de sommes distribuables ; et encore, sous réserve que les postes « frais d'établissement » et « frais de recherche et développement » figurant au bilan aient été apurés, ou qu'il existe des réserves libres d'un montant au moins égal à celui des frais restant à amortir (article 19 alinéa 6 du décret n° 831020 du 29 novembre 1983). La mise en paiement doit avoir lieu dans un délai de neuf mois, au maximum, après la clôture de l'exercice.

Les acomptes sur dividendes avant l'approbation des comptes sont possibles, mais ils impliquent le respect d'un certain formalisme : établissement d'une situation en cours d'année certifiée par un commissaire aux comptes, réalisation d'un inventaire, détermination d'un bénéfice distribuable, réunion d'un conseil d'administration pour décider de la distribution.

Le risque en la matière consiste à distribuer, en cours d'année, un acompte sur dividendes, fondé sur des résultats qui ne seraient pas confirmés en fin d'année.

En cas de distribution de dividendes fictifs, réalisée sciemment par les actionnaires (dans le but de faire face au remboursement des crédits d'un holding par exemple), l'infraction de distribution de dividendes fictifs est constituée. La sanction pénale peut être très lourde à l'encontre des dirigeants des sociétés concernées (de un à cinq ans de prison et jusqu'à 375 000 euros d'amende).

2.1.2. La facturation de prestations de services et/ou de redevances

En logeant un certain nombre d'activités et de personnels dans la société holding (services administratifs, directeur commercial, dirigeant lui-même) et/ou d'actifs incorporels (brevets, marques, procédés de fabrication), les actionnaires de la société mère peuvent facturer des prestations et des redevances à la société d'exploitation.

Le but recherché est de remonter selon un rythme régulier (en règle générale mensuel) une trésorerie suffisante, permettant de couvrir les charges d'exploitation et l'échéance des crédits du holding, tout en défiscalisant par là même les frais financiers du holding. Ce type de montage est pratiqué notamment lorsque l'intégration fiscale n'est pas possible. Pour ce faire, les frais de gestion et les redevances facturés doivent comprendre une marge suffisante pour couvrir les charges de crédit.

Des jurisprudences récentes ont considéré comme nulles des conventions de prestations de service rendues par un dirigeant logé dans une société holding, tout en étant par ailleurs gérant non appointé de la société d'exploitation (SARL). En conséquence, pour éviter tout risque de requalification, il convient désormais que la société d'exploitation soit une SAS, dont la présidence est assurée par la société holding.

Avantages

Le lissage de la remontée de trésorerie en provenance de la filiale évite les inconnues liées aux distributions de dividendes annuelles, fondées sur le résultat.

Même en cas de pertes sur la société d'exploitation, les remontées de trésorerie sont toujours possibles à concurrence de la trésorerie disponible ou des autorisations de crédit court terme, permettant ainsi la poursuite du remboursement des crédits du holding.

L'imputation possible des frais financiers et de l'amortissement des droits d'enregistrement accorde une défiscalisation des frais engagés. Le résultat obtenu en termes de revenus disponibles est identique à une reprise *via* un holding bénéficiant de l'intégration fiscale.

La limitation des frais financiers, du fait du remboursement des crédits du holding selon un échéancier mensuel, est encore un autre avantage.

Inconvénients et limites du système

Pour ne pas être qualifiés d'abus de droit et d'acte anormal de gestion, les frais de gestion facturés doivent être proches de leur prix de revient.

> **À RETENIR**
>
> Une marge normale de 8 à 10 % sur frais de holding est tolérée par l'administration fiscale, celle-ci se fondant sur les normes de l'OCDE. Cette marge est malheureusement trop faible et ne permet pas, dans la plupart des montages financiers, une remontée de trésorerie suffisante pour faire face aux charges de remboursement du holding.

Lors d'un dépassement, l'administration fiscale peut redresser l'opération pour acte anormal de gestion et abus de droit, en infligeant des pénalités pouvant aller jusqu'à 80 % des opérations visées.

Dans le cas spécifique de l'intégration fiscale, l'administration fiscale admet de ne pas mettre en recouvrement les redressements opérés sur ce point, dans la mesure où le dirigeant l'a informée préalablement, et de manière expresse, de l'existence de ces facturations constituant une forme de subvention intergroupe.

Par ailleurs, la remontée du personnel sur le holding, si l'on n'y prête pas garde, peut conduire au paiement de la taxe sur les salaires. En effet, lorsqu'une société qui emploie des salariés collecte de la TVA sur moins de 90 % de ses produits, elle doit payer une taxe spécifique, appelée « taxe sur les salaires », qui vient compenser la TVA non perçue par l'État.

Cette taxe est de 4,25 % pour les salaires annuels inférieurs à 7 666 €, de 8,50 % pour les salaires compris entre 7 666 € et 15 308 €, de 13,60 % pour les salaires compris entre 15 308 € et 151 208 €, de 20 % pour les rémunérations supérieures à 151 208 €. Elle ne concerne que les salariés, les gérants et présidents de société étant exclus de la base de calcul.

Dans le cadre d'une reprise d'entreprise avec création d'un holding, le remboursement de la dette de reprise s'effectue principalement par la distribution de dividende de la cible. Ce produit entre dans la base de produits pris en compte par l'administration fiscale si l'on ne déclare pas de « secteurs distincts » au niveau du holding. Ce produit non assujetti à TVA est générateur de la taxe sur les salaires, si cette distribution de dividende représente plus de 10 % de l'ensemble des produits du holding.

Pour échapper à cette taxe, l'astuce consiste à déclarer un secteur d'activité distinct sur le holding pour la partie touchant à la gestion financière des filiales, prise en charge par le dirigeant non assujetti à la taxe sur les salaires.

2.1.3. Le développement d'activités nouvelles par la société holding

En s'appuyant sur les collaborateurs qui sont payés par la société holding, le repreneur peut développer des nouveaux produits et services qui seront commercialisés directement par le holding.

L'extension de la société s'opère ainsi à deux niveaux, celui de la filiale pour les produits existants et celui du holding pour tous les nouveaux produits.

Les recettes encaissées directement par le holding constitueront des produits imposables sur lesquels les intérêts d'emprunt du holding pourront être imputés, ainsi qu'un fonds de trésorerie permettant de couvrir, pour une part, le remboursement des emprunts.

Cette solution, couplée avec la facturation de redevances, permet au repreneur de ne pas dépasser les normes tolérées par l'administration fiscale, tout en bénéficiant rapidement d'un revenu suffisant pour faire face à ses crédits dans les meilleures conditions fiscales.

2.1.4. La mise en location-gérance du fonds de commerce

Afin de favoriser la remontée de résultat et de trésorerie sur le holding, une des solutions consiste à donner le fonds de commerce de la société cible en location-gérance à la société holding.

En contrepartie du versement d'une location représentant 7 à 8 % de la valeur du fonds de commerce, la société holding devient la société d'exploitation et encaisse à ce titre tous les flux de trésorerie liés à l'activité commerciale.

Pour globaliser la trésorerie au niveau du groupe et profiter des redevances de location-gérance versées à la filiale, une convention de trésorerie entre les deux sociétés est généralement signée. Cela autorise la remontée de trésorerie en provenance de la filiale, par le biais de comptes courants inter-société.

Avantages

Ce montage permet d'intégrer complètement la gestion, la fiscalité et la trésorerie du groupe.

Il revient ni plus ni moins à mettre en place l'intégration fiscale sur le groupe de sociétés.

Les revenus disponibles dégagés pour le repreneur, quel que soit le mode de rémunération choisi, sont identiques à la formule de reprise *via* un holding profitant de l'intégration fiscale.

Les remboursements du crédit de reprise sont facilités par l'exercice de l'activité commerciale sur le holding et l'instauration d'une gestion de trésorerie centralisée. Ce système remplace avantageusement la facturation de frais de gestion ou de redevances, telle que vue précédemment.

Limites du montage

Il est nécessaire de détenir 100 % des titres de la filiale, sinon les actionnaires minoritaires risquent fort de se trouver lésés et de plaider l'abus de majorité et l'abus de biens sociaux.

Exemple n° 12

Prenons pour hypothèse, une reprise partielle à hauteur de 51 % des titres d'une Sarl X. Le repreneur étant majoritaire, il va pouvoir imposer aux actionnaires minoritaires la mise en place d'une location-gérance à des conditions que nous considérerons comme normales.

Néanmoins, le développement de l'activité et de la rentabilité ne profitera qu'au repreneur, l'activité commerciale étant logée dans le holding. Par ailleurs, le choix d'une gestion de trésorerie centralisée va servir les intérêts exclusifs du repreneur, faisant courir un risque non fondé aux actionnaires minoritaires de la filiale.

Les intérêts des deux parties sont trop divergents pour que la situation perdure sans tomber sous le coup de l'abus de pouvoir de la part du repreneur majoritaire.

Le repreneur n'a pas intérêt à distribuer de dividendes sur la filiale, ni à laisser de trésorerie sur ses comptes. Les actionnaires minoritaires, pour leur part, souhaitent pouvoir disposer de leur quote-part sur les redevances de la location-gérance.

Par ailleurs, cette opération présente un risque de requalification fiscale en abus de droit par l'administration fiscale, celle-ci pouvant arguer que la principale motivation du montage est de limiter l'impôt normalement dû par le groupe de sociétés.

2.1.5. La fusion du holding et de la société d'exploitation

Pour répondre aux problèmes de remontée de trésorerie et d'imputation des frais financiers du holding, une autre solution consiste à fusionner rapidement les deux sociétés.

Avantages

L'affectation de la totalité de la capacité d'autofinancement de la cible au remboursement de la dette (et non pas simplement le résultat net par le biais des dividendes).

L'imputation directe des frais financiers de l'ancien holding sur les résultats d'exploitation de la cible.

La suppression du décalage de plusieurs mois entre la réalisation du résultat et sa distribution.

Toutes choses étant égales par ailleurs, la fusion permet au montage d'assumer un niveau d'endettement plus élevé avec plus de sécurité.

Limites du montage

Le risque est tout d'abord fiscal. Il convient d'éviter une fusion trop rapide, si l'on souhaite échapper à une requalification de la part de l'administration fiscale, qui peut s'appuyer sur la notion d'acte anormal de gestion.

L'administration, estimant dans ce cas que la fusion est davantage guidée par l'intérêt des actionnaires majoritaires que par l'intérêt des sociétés elles-mêmes, est en droit de réintégrer les charges financières initialement déduites par la société holding, voire même de requalifier cette fusion en distribution d'actifs, en lui appliquant la fiscalité correspondante. En l'état actuel de la jurisprudence fiscale, une fusion réalisée après la quatrième année ne paraît pas poser de problème sur le plan de l'abus de droit.

La perte fiscale est également à considérer. En cas de fusion, les déficits reportés de la société absorbée sont perdus, sauf accord dérogatoire ministériel. En revanche, les déficits de la société absorbante sont conservés et pourront s'imputer sur les futurs résultats dégagés par la nouvelle société.

Le risque juridique de voir annuler la fusion est ensuite à prendre en compte. Plusieurs motifs peuvent être évoqués par les minoritaires ou les tiers :

- L'abus de majorité, si les minoritaires s'opposent à la fusion et s'ils peuvent prouver que la fusion est contraire à l'intérêt général de la société et a pour but essentiel d'avantager les majoritaires directement ou indirectement.
- L'application de l'article L. 225-216 du nouveau Code de commerce sur les sociétés, selon lequel une société ne peut avancer des fonds, accorder des prêts ou consentir une sûreté en vue de l'achat de ses propres actions par un tiers. La fusion, en confondant les patrimoines des deux sociétés, offre, de fait, une garantie sur les biens de la cible aux prêteurs.
- L'abus de biens sociaux, dans la mesure où la fusion s'opérerait entre un holding manifestement surendetté et une société d'exploitation bien portante. Les minoritaires pourraient voir d'un mauvais œil une telle fusion, risquant de mettre en péril leurs participations.

Le risque financier pour les actionnaires majoritaires du holding est également à estimer. Le rapport d'échange lors de la fusion risque de diluer leur niveau de participation, en cas d'existence de minoritaires.

Par ailleurs, les prêteurs et les fournisseurs de la société d'exploitation, jugeant la société plus fragile après fusion, peuvent imposer un remboursement ou une réduction de leurs créances, et/ou demander des garanties complémentaires.

2.2. Les moyens interdits

2.2.1. La remontée de trésorerie sous forme de comptes courants

La remontée de trésorerie sous forme de comptes courants de la cible pour financer partiellement l'acquisition ou permettre ultérieurement le remboursement des crédits du holding est prohibée par l'article L. 225-216 du nouveau Code du commerce. Cet article interdit aux SA de financer ou de garantir l'achat de leurs propres actions.

Même si ce texte vise nommément les SA, il est fort possible que la jurisprudence (qui n'a pas encore statué sur ce problème) assimile les SARL aux SA. Il convient donc d'être prudent, y compris pour les cibles constituées en SARL.

Une société ne peut faire des avances à une autre société ou se porter caution pour elle que si elle y trouve un intérêt personnel et si l'opération est faite dans des conditions de rémunération normales.

Dans le cadre d'un LBO, l'objet des remontées de trésorerie est principalement justifié par la nécessité de rembourser les crédits de la reprise. La cible n'a donc pas d'intérêt véritable à agir.

À RETENIR

On risque aussi, dans cette hypothèse, de commettre le délit d'abus de biens sociaux, défini par les articles L. 241-3 et L. 242-6 du nouveau Code du commerce. Ces articles interdisent aux dirigeants de société de faire sciemment, des biens ou du crédit des sociétés, un usage contraire à l'intérêt de celles-ci, à des fins personnelles ou pour financer une autre société ou entreprise dans laquelle ils sont intéressés directement ou indirectement.

Ce délit peut être sanctionné, rappelons-le, par de très lourdes peines à l'encontre des dirigeants (un à cinq ans de prison et jusqu'à 375 000 € d'amende).

2.2.2. La distribution excessive de dividendes

Le délit d'abus de biens sociaux vient également frapper la distribution excessive de dividendes, considérée comme telle à partir du moment où elle est de nature à fragiliser la société d'exploitation.

Il est fréquent que, lors d'une opération de reprise, le bouclage du plan de financement soit réalisé au moyen d'une distribution plus ou moins importante de la trésorerie de la cible.

Il convient donc, en la matière, d'agir avec parcimonie et pondération, en s'interdisant toute distribution qui rendrait la trésorerie de la société d'exploitation déficitaire à un moment ou à un autre de l'année.

> **Attention donc au caractère cyclique de l'activité de la cible et à la volatilité de la trésorerie de l'entreprise.**

Si dans les mois qui suivent une distribution de dividende importante survient une crise de trésorerie entraînant un dépôt de bilan, l'administrateur ou les créanciers pourront porter plainte pour abus de biens sociaux.

2.2.3. La facturation de prestations de services anormales

La facturation de prestations fournies par le holding est réglementée par une norme fixée par l'OCDE. Au-delà d'une marge de 8 à 10 % pratiquée sur le prix de revient des prestations fournies, l'administration fiscale est en droit de requalifier l'opération au motif de l'abus de droit et de l'acte anormal de gestion.

Outre les pénalités conséquentes qui accompagnent un tel redressement, les déductions de frais financiers opérées seraient bien évidemment annulées.

Seuls les groupes placés sur option sous le régime de l'intégration fiscale échappent à la mise en recouvrement de ces redressements, sous réserve d'une information préalable en bonne et due forme de l'administration fiscale.

LES LEVIERS JURIDIQUES À LA DISPOSITION DU REPRENEUR

L'ouverture du capital à des tiers permet au repreneur de démultiplier sa capacité d'intervention, et par conséquent de racheter une entreprise plus importante dans de meilleures conditions financières.

La contrepartie est le partage légitime du pouvoir, des bénéfices et plus-values attendus.

Toutefois, ce partage ne doit pas être synonyme de perte de pouvoir pour le repreneur, qui cherchera fort logiquement à rester maître de son projet et de ses mouvements.

Ce chapitre développe les différentes solutions pour conserver le pouvoir, avec ou sans la majorité du capital.

1. Pour conserver le pouvoir et la majorité du capital

1.1. L'intérêt du holding et de la superposition de holdings

Reprendre à titre personnel 50,1 % des titres et des droits de vote d'une société permet à un repreneur d'avoir le pouvoir dans une entreprise.

L'ouverture et le partage du capital peuvent donc d'abord s'opérer sur la société cible, ce qui offre un premier effet de levier par rapport à la mise de fonds (schématiquement, 1 euro apporté pour 2 euros acquis).

La création d'une société holding pour réaliser l'opération permet de répéter le phénomène de dilution du capital, en doublant ainsi l'effet de levier. En prenant 50,1 % du capital de la société holding au côté d'autres partenaires, le repreneur se donne les moyens de contrôler à hauteur de 50,1 % une société d'une valeur quatre fois supérieure à son apport.

Cet effet de levier juridique peut encore être accru en utilisant une cascade de holdings. À chaque superposition de holdings, l'effet de levier double pour le repreneur (1 pour 8, puis 1 pour 16, etc.).

De nombreux capitaines d'industrie ont constitué leur empire financier de la sorte au cours des vingt dernières années (Bernard Arnault et Vincent Bolloré notamment, pour ne citer qu'eux).

Néanmoins, cette technique est délicate à mettre en œuvre, du fait de la difficulté à trouver, à chaque stade intermédiaire, des partenaires financiers acceptant d'être minoritaires et dépendants du bon vouloir du repreneur pour réaliser leur plus-value.

Avantage

L'effet de levier maximal.

Inconvénients

L'impossibilité d'opter pour le régime de l'intégration fiscale, compte tenu du niveau de participation.

La forte déperdition de trésorerie liée aux distributions de dividendes successives, qui profitent à des actionnaires non impliqués dans la gestion de l'entreprise.

La quasi-obligation de constituer des sociétés holdings sous forme de SA, dont les droits sociaux sont librement cessibles et négociables, et qui permet de plus de créer des valeurs mobilières composées (obligations convertibles, obligations à bons de souscription d'actions, etc.).

1.2. La valorisation d'apports en nature

Il est assez fréquent que les repreneurs personnes physiques disposent de faibles apports financiers soit parce qu'ils sont jeunes et n'ont pas encore pu se constituer une épargne suffisante, soit parce qu'une bonne partie du patrimoine familial est investie dans la pierre, notamment la résidence principale.

L'absence ou la faiblesse d'apports en numéraire peut être compensée par des apports en nature (matériels, brevets, stocks, titres de société existante), afin d'augmenter la participation au capital du repreneur leader sur le projet.

Cette forme d'apport en capital est possible dans pratiquement toutes les formes de sociétés (SARL, SA, SAS, SNC, SCS, SCA). La seule contrainte qui soit imposée, pour les apports en nature effectués dans les sociétés de capitaux, est la validation de la valeur attribuée aux apports par un commissaire aux apports.

1.3. Le paiement d'un droit d'entrée sous forme de prime d'émission et/ou de comptes courants

Le repreneur ne disposant pas d'apports financiers suffisants pour le financement de son projet de reprise peut faire appel à des investisseurs en capital qui vont, en contrepartie de leurs apports, obtenir une participation au capital de la société de reprise.

Afin de limiter la dilution du porteur de projet, il est possible de faire payer un droit d'entrée aux investisseurs. Ce droit d'entrée peut se justifier par :

- Un apport en industrie du repreneur (savoir-faire, réseau relationnel, connaissance du marché…) en complément de son apport financier. Son expérience et ses compétences sont indispensables au projet de reprise, alors que l'apport des investisseurs est essentiellement financier.
- Une démarche de ciblage d'entreprises à reprendre et de négociation déjà effectuée par le porteur de projet.
- Le fait que le repreneur, qui porte le projet, assumera au quotidien la gestion de l'entreprise.

Sur le plan comptable, ce droit d'entrée est appelé « prime d'émission ». Une quote-part de l'apport financier des investisseurs est enregistrée dans ce compte et ne donne pas accès au capital permettant de limiter la dilution du repreneur.

Lorsque le holding est en cours de création, la notion de prime d'émission n'est pas applicable. Aussi, l'entrée de partenaires financiers ne peut s'effectuer qu'à parité avec le candidat repreneur. Rien n'interdit cependant aux partenaires extérieurs d'accepter de répartir leur apport entre capital et comptes courants, afin de ne pas trop diluer le porteur du projet.

Dans les deux cas, c'est au repreneur de convaincre de la pertinence de son projet et de ses qualités de manager, pour négocier des conditions d'entrée de ses partenaires qui lui soient le plus profitables possible.

2. Pour conserver le pouvoir sans la majorité du capital

2.1. Les valeurs mobilières spécifiques permettant au repreneur de conserver la majorité des droits de vote

2.1.1. Les actions de préférence sans droit de vote

Principe

Les sociétés par actions ont la possibilité, depuis juin 2004, d'émettre des actions de préférence, qui remplacent les actions à dividende prioritaire sans droit de vote, les actions de priorité et les certificats d'investissement.

L'article L. 228-11 du Code de commerce prévoit que, lors de la constitution de la société ou au cours de son existence, il peut être créé des actions de préférence, avec ou sans droit de vote, assorties de droits particuliers de toute nature.

Le droit de vote de ce type d'action peut être aménagé pour un délai déterminé ou déterminable. Il peut être suspendu pour une durée temporaire ou supprimé définitivement. La suspension peut être conditionnée à un événement particulier (départ en retraite, par exemple), ou bien son exercice conditionné à certains éléments (durée de détention minimale de l'action, non-atteinte d'objectifs, absence de distribution de dividendes pendant plusieurs exercices, par exemple).

Limites et contraintes

La création de cette catégorie de valeur mobilière est réservée aux sociétés par actions. Les SARL et SC n'y ont pas accès.

Les actions de préférence sans droit de vote ne peuvent pas représenter plus du quart du capital dans les sociétés cotées, et la moitié du capital social dans le cas de sociétés non cotées.

Afin de rétablir l'équilibre entre les actionnaires, il convient de compenser les pertes ou la limitation du droit de vote de l'actionnaire par des avantages financiers (dividende prioritaire ou majoré, par exemple) ou politiques (droits à l'information renforcés ou droit de veto sur certaines décisions, par exemple).

2.1.2. Les actions à droit de vote double

Principe

Les sociétés par actions peuvent toujours, et de manière exclusive, émettre des actions à droit de vote double.

L'article L. 225-123 du Code de commerce prévoit qu'un droit de vote double peut être attribué par les statuts ou lors d'une AGE, à toutes les actions entièrement libérées, détenues depuis au moins deux ans par un même actionnaire.

Cette faculté permet de diluer, en termes de droits de vote, les nouveaux actionnaires qui souscrivent à une augmentation de capital.

Limites et contraintes

La création de cette catégorie de valeur mobilière est réservée aux sociétés par actions. Les SARL et les SC n'y ont pas accès.

Les actions doivent être nominatives, libérées et détenues depuis plus de deux ans par les actionnaires qui souhaitent bénéficier de ce droit.

2.1.3. Les actions à droit de vote multiple (triple, quadruple…)

Principe

La règle de la proportionnalité du droit de vote par rapport à la quotité du capital social (article L. 225-122 du Code de commerce) étant expressément écartée dans le cadre des SAS, elles peuvent émettre des actions à droit de vote multiple, et ce dès leur création.

Cette faculté représente un sérieux avantage par rapport à la SA classique, qui doit se limiter à la création d'actions à droit de vote double, passé un délai minimal de deux ans.

Limites et contraintes

La création de cette catégorie de valeur mobilière est réservée aux SAS. Les SA, SARL et SC n'y ont pas accès.

Afin de rétablir l'équilibre entre les actionnaires, il convient de compenser cet avantage en termes de droit de vote par une contrepartie financière (dividende prioritaire, par exemple) ou politique (droit de veto sur certaines décisions, par exemple).

2.2. Les clauses statutaires et extrastatutaires

2.2.1. Le plafonnement du droit de vote

Principe

D'un commun accord, les actionnaires peuvent limiter le nombre de voix par porteur, de façon à rééquilibrer ou maintenir les rapports de force entre actionnaires.

Cette mesure statutaire permet de limiter le poids des financiers par rapport aux apporteurs en industrie (savoir-faire, réseau relationnel, connaissance d'un marché), dont les apports sont non valorisables sous forme de titres, dans la plupart des sociétés.

La loi n'imposant aucune limite, les statuts peuvent fixer librement le plafond des voix par actionnaire, en nombre de titres ou en pourcentage des droits de vote. Ce plafonnement peut être distinct selon les types d'assemblées générales (ordinaire ou extraordinaire).

Limites et contraintes

La limite doit être imposée à tous les actionnaires sans distinction de catégorie.

En cas de société préexistante, la fixation de ce seuil ne peut avoir pour effet de limiter rétroactivement le pouvoir d'un certain nombre d'actionnaires.

2.2.2. Le pacte d'actionnaires

Dans nombre de PME françaises, l'actionnariat est familial ou réparti entre des mains amicales. L'*affectio societatis* est le plus souvent réel, permettant aux dirigeants de gérer leur entreprise avec autonomie, malgré un actionnariat parfois éclaté.

La participation au capital de financiers ou la cession de titres par l'un ou l'autre des actionnaires peuvent conduire à la signature d'un pacte d'actionnaires destiné à protéger les minoritaires et à encadrer la gestion du dirigeant.

Les clauses les plus courantes et les plus utiles pour un actionnaire minoritaire sont celles relatives à la répartition du pouvoir et à l'évolution de l'actionnariat.

2.2.2.1. Les clauses relatives à la stabilisation du capital et à la répartition du pouvoir

La clause de préemption permet aux actionnaires en place d'acheter, en priorité à tout tiers, toute action de la société qui serait à vendre.

La clause de non-dilution accorde aux minoritaires un droit préférentiel de souscription en cas d'augmentation de capital, afin qu'ils puissent, s'ils le désirent, conserver le même pourcentage du capital.

La clause d'inaliénabilité interdit généralement aux professionnels qui investissent dans une société de se défaire de leurs parts durant une période donnée. Celle-ci correspond généralement à la période de remboursement des emprunts souscrits lors de l'achat de la cible.

La clause de droit privilégié à l'information précise les documents que le dirigeant devra envoyer aux actionnaires financiers ainsi que leur périodicité.

La clause de quorum et de majorité renforcée permet de renforcer le poids de l'un ou de plusieurs minoritaires, sans lesquels les décisions importantes du conseil d'administration, comme de l'assemblée générale, ne pourront pas être arrêtées.

2.2.2.2. Les clauses de sortie

La clause de sortie conjointe engage les majoritaires à assurer la sortie des minoritaires concomitamment à la leur, en cas de réalisation de leur participation.

La clause de retrait autorise un actionnaire à se retirer si certains événements ont lieu (le départ d'un actionnaire donné ou la cession partielle d'une branche d'activité, par exemple). Les autres actionnaires sont tenus de lui racheter ses parts à un prix prédéterminé dans le pacte d'actionnaires.

La clause d'exclusion prévoit la possibilité d'exclure un associé qui aurait perdu les qualités justifiant de sa présence dans le capital. Dans cette hypothèse, les associés restants sont obligés de racheter ses parts à des conditions fixées lors de la rédaction du pacte d'actionnaires.

La clause de cession majoritaire peut obliger le ou les minoritaires, en cas d'offre d'achat majoritaire d'un tiers, soit à exercer leurs droits de préemption sur les titres des associés souhaitant vendre, soit à apporter à la transaction le nombre de titres permettant de satisfaire l'acquéreur.

> **CONSEIL D'EXPERT**
>
> **La clause « *buy or sell* »**
>
> La clause « *buy or sell* » autorise tout associé à demander le rachat de ses parts à un certain prix à partir d'un délai convenu. En cas d'incapacité ou de refus, les actionnaires restants sont tenus de vendre leurs parts à ce même prix au demandeur s'il le souhaite.
>
> Cette clause, comme la précédente, est à double tranchant puisqu'elle peut permettre à tout actionnaire de bouleverser la répartition du capital, voire même d'entraîner la cession de l'entreprise.

Limites et contraintes

Toute décision prise à l'occasion de la rédaction de ce document extrastatutaire doit respecter la loi du 24 juillet 1966 sur les sociétés commerciales et ne peut que venir renforcer la loi et son esprit. La rédaction d'une clause qui viserait à priver les actionnaires majoritaires du droit d'exercice de leur pouvoir de sanction ou de décision serait caduque dès sa rédaction.

☞ *Cf. site Internet : modèle indicatif de pacte d'actionnaires.*

3. Pour rendre le prix d'acquisition variable

L'un des principaux problèmes auxquels sont confrontés les repreneurs est la fixation du prix de transaction. Le cédant imagine « par principe » que son entreprise est la plus belle et que « trente ans de travail » justifient en soi un prix élevé.

Les valeurs mathématiques ou les critères économiques (par exemple la forte dépendance de l'entreprise vis-à-vis du cédant) n'ont que peu d'emprise la plupart du temps sur le cédant, qui s'est fixé en réalité un prix psychologique ou de nécessité, lié à son train de vie une fois la vente réalisée.

Le repreneur peut donc avoir intérêt à négocier un prix variable, composé d'une partie fixe et d'un complément de prix indexé sur des indices convenus entre les parties.

Cette technique porte le nom anglo-saxon de « *earn out* ».

Sur le plan pratique, cette partie variable pose le plus souvent problème au niveau de la fixation des indices et surtout du suivi de la réalisation des objectifs fixés. Pour réussir un tel pari, il convient de limiter la période durant laquelle les objectifs convenus devront être atteints (une période de 12 à 24 mois semble raisonnable) et de choisir des indicateurs simples à calculer et faciles à contrôler.

Exemples n° 13

Nous avons eu récemment deux cas où ces clauses ont pu être négociées :
- Dans le premier dossier, l'indicateur retenu pour faire varier le prix a été le renouvellement en volume du carnet de commandes sur les 24 mois suivant la date de cession.

.../...

— …/… ————————————————————————————

Le cédant étant fortement impliqué sur le plan commercial, la crainte résidait dans la capacité à voir perdurer le volume d'affaires après son départ. La variation de prix acceptée par le cédant correspondait à 10 % du prix objectif négocié pour le rachat de l'affaire.

- Dans le second dossier, l'indicateur retenu a été le maintien d'un niveau de résultat d'exploitation minimal sur les deux années suivant la cession. En fonction de son importance, un complément de prix payé au terme des deux ans a été convenu entre les parties. L'expert-comptable du cédant est resté en place contractuellement pendant cette période, afin de valider la comptabilité du repreneur et défendre en cas de besoin les intérêts du cédant.

4. Pour augmenter sa capacité de remboursement

Si le prix convenu pour 100 % des titres paraît excessif au repreneur, il a la possibilité de n'acquérir dans un premier temps qu'une partie de la société en négociant malgré tout la possibilité de bénéficier de 100 % des dividendes de la société pendant une période donnée.

Cet avantage particulier porte le nom de « dividende préciputaire » et ne peut être mis en place qu'avec l'accord de l'ensemble des associés.

Exemple n° 14

Un cédant valorise son entreprise sur la base de 1 000 K€. Le repreneur, pour sa part, estime la valeur de la société à 850 K€. L'offre qui peut être faite afin de débloquer une négociation difficile est de ne reprendre dans un temps que 85 % des titres de la société pour 850 K€, en négociant l'attribution de 100 % des bénéfices futurs pour ce prix pendant la période de remboursement du premier crédit de reprise. Au terme, le repreneur s'engage à acheter les 15 % restants à un prix convenu, à défaut de quoi, le cédant retrouvera son droit intégral aux bénéfices.

☞ *En guise de synthèse*, une grille d'analyse est fournie en annexe 1 afin de mettre en évidence les points forts et les risques de votre projet de reprise.

Partie 3

Le montage financier

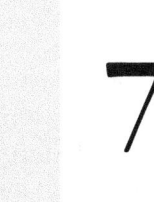

LA DÉTERMINATION DU BESOIN FINANCIER GLOBAL

1. L'acquisition des actifs ou des titres

Il s'agit du poste le plus important en matière de reprise d'entreprise saine. Lorsque l'on monte le dossier financier, la valeur finale de transaction n'est pas toujours définitivement arrêtée : d'une part, un complément de prix correspondant au résultat de l'année en cours est souvent prévu dans le cadre des négociations, d'autre part, les résultats des audits d'acquisition peuvent influer sur le prix de cession définitif.

À titre de prudence et afin d'éviter les allers et retours avec les banques, il est recommandé de prendre dans le dossier financier la valeur de transaction potentiellement la plus élevée. On évitera ainsi une perte de temps inutile qui risque d'amener le cédant à revoir sa position, ainsi qu'un possible refus de la part des financiers, au motif d'un prix de transaction qui ne cesse de croître et d'un montage financier qui devient trop tendu.

2. Le remboursement éventuel des comptes courants des cédants

Lors de la reprise de titres de société, les modalités de remboursement des comptes courants des cédants sont l'un des points importants de la négociation menée par l'acquéreur. Selon les cas et en fonction de la trésorerie disponible dans l'entreprise, les cédants peuvent ou non récupérer leurs comptes courants préalablement à la transmission.

Si tel n'est pas le cas, le repreneur doit intégrer dans son plan de financement le paiement de ces comptes courants. Le règlement pourra être effectué au comptant ou avec un différé, selon les accords passés entre les parties.

Le remboursement immédiat par prélèvement sur la trésorerie risque bien souvent d'affaiblir l'entreprise en asséchant ses liquidités, d'où des risques de tension sur la trésorerie et une plus grande dépendance envers les banques.

Le remboursement sur une courte période augmente la charge de remboursement sur les premières années, fragilisant l'entreprise tout en faussant la relation entre le cédant et l'acquéreur.

CONSEIL D'EXPERT

Le remboursement différé

Le remboursement différé constitue en soi une bonne garantie pour le repreneur, ainsi qu'un financement partiel de la reprise. Néanmoins, cette forme de crédit vendeur peut également représenter un piège pour le repreneur :
- le vendeur risque fort d'accorder un crédit sur une période courte, trois à cinq ans, ce qui chargera l'entreprise en termes de remboursement les premières années ;
- le vendeur exigera très probablement une garantie bancaire à hauteur de son crédit, ce qui constitue pour les banques un risque identique à la mise en place d'un financement ;
- la transaction n'étant pas complètement débouclée, le cédant a généralement tendance, d'après les experts interrogés à l'occasion des tables rondes, à continuer à vouloir intervenir dans la gestion de l'entreprise, en ne laissant pas une totale autonomie au repreneur.

La détermination du besoin financier global

La meilleure solution consiste donc à rembourser les comptes courants du cédant dès la reprise de l'affaire, en mettant en place un crédit de substitution, afin de préserver la trésorerie de l'entreprise sur une longue période.

3. Le renforcement éventuel du fonds de roulement

Le changement de dirigeant se traduit souvent par un exercice de transition difficile pour l'entreprise. Le repreneur doit se faire à son nouvel environnement et trouver ses marques vis-à-vis du personnel et de la clientèle.

La période de flottement précédant la transmission, conjuguée aux frais de réorganisation, pèse naturellement sur l'exploitation. Les clients, comme les fournisseurs, testent dans les premiers mois le repreneur. Cette période d'observation peut se traduire momentanément par une réduction des délais de paiement, réduisant la trésorerie à due concurrence.

Si la trésorerie de la cible est un peu juste, le repreneur a intérêt à prévoir dans son plan de financement un crédit de renforcement du fonds de roulement.

L'appréciation du besoin de trésorerie doit s'effectuer en prenant en compte le caractère cyclique de l'exploitation, en intégrant le remboursement éventuel des comptes courants des cédants ainsi que les distributions de dividendes préalables et consécutives à la reprise.

Un crédit de renforcement du fonds de roulement est d'autant plus facile à négocier qu'il s'analyse de manière prospective.

4. La prise en compte des droits d'enregistrement et des frais divers

4.1. Les droits d'enregistrement

Les droits d'enregistrement peuvent représenter une somme importante qu'il convient de ne pas oublier dans le plan de financement.

Selon la nature du bien acquis, le mode de calcul de ces droits diffère.

- Acquisition d'un fonds de commerce : 3 % sur la fraction du prix comprise entre 23 K€ et 200 K€, 5 % sur celle excédant 200 K€.
- Acquisition de parts sociales (EURL, SARL) : 3 % du prix d'acquisition après un abattement de 23 K€ pris en compte au prorata du capital acquis.
- Acquisition d'actions (SA, SAS) : 0,1 % du prix de cession.

En matière de rachat de titres, la transformation de la cible en SAS, préalablement à la reprise, peut permettre de limiter ces frais. La jurisprudence actuelle au niveau fiscal ne condamne pas une telle opération si elle n'est pas suivie, dans la foulée, d'une nouvelle modification de la structure juridique postérieurement à la cession.

4.2. Les autres frais d'acquisition

Lorsque le repreneur fait appel à un intermédiaire, cabinet de transmission ou agence immobilière selon la taille de la cible, une commission proportionnelle au montant de la transaction doit être réglée.

- Pour les gros dossiers, c'est l'échelle de Lehman qui sert de référence :
  - 5 % du prix de transaction de 0 à 1 500 K€ ;
  - 4 % de 1 500 à 3 000 K€ ;
  - 3 % de 3 000 à 4 500 K€ ;
  - …
- Pour les dossiers plus petits, de nombreux professionnels de la transmission d'entreprise pratiquent un barème plus élevé :
  - pas de pourcentage du prix de transaction mais 20 K€ de commission fixe HT pour toute transmission d'un montant inférieur à 150 K€ ;
  - 8,5 % du prix de transaction de 150 à 375 K€ ;
  - 6,5 % de 375 à 750 K€ ;
  - 5 % de 750 à 1 500 K€.

Les frais d'audit, de conseils juridiques et financiers sont également à bien prendre en compte. En matière de reprise de PME, ils peuvent représenter des sommes très importantes, notamment lorsqu'une ou plusieurs sociétés de capital-risque interviennent au côté d'un repreneur.

Soucieuses d'investir à bon escient, elles n'hésitent pas à recourir à des audits et diagnostics approfondis, avant de réaliser l'opération. Leurs commissions d'intervention et d'ingénierie viennent également gonfler les honoraires liés à l'opération.

Exemples n° 15

Sur les deux dernières opérations sur lesquelles nous avons eu à intervenir, l'ensemble de ces frais s'est élevé respectivement à 90 000 € et 135 000 €, pour des montants de transactions de 1,3 et 4 millions d'euros.

Viennent s'ajouter à ces divers honoraires et commissions les frais de dossiers bancaires (0,5 à 1 % du montant des financements), les frais de prises de garanties (notamment en matière d'immobilier) et les frais de constitution de société.

L'ensemble de ces frais et commissions doit être retenu pour son montant HT, un crédit relais pouvant être mis en place dans l'intervalle de la récupération de la TVA.

8

LE FINANCEMENT DE LA REPRISE

1. Les apports des actionnaires

1.1. Les apports du repreneur et de son environnement proche

La maxime bien connue « Aide-toi, le ciel t'aidera » est particulièrement vraie en matière d'entreprise.

Les apports personnels du repreneur constituent le socle fondateur du projet. Ils servent à la fois de catalyseur et d'effet de levier. Ils montrent sa détermination et son implication. Ils démontrent la capacité d'épargne qui a été la sienne au cours des dernières années, en d'autres termes sa capacité à gérer et à prévoir.

Un repreneur disposant d'un patrimoine essentiellement immobilier a donc tout intérêt préalablement à la réalisation de son projet d'en céder une partie, afin d'apporter les premiers fonds propres.

Si son apport est modeste en regard du projet de reprise, le repreneur peut chercher à convaincre son environnement proche, en vue de compléter son apport. Il pourra s'agir, selon les cas, de prêts familiaux, d'ouverture du capital à des amis ou à des relations professionnelles.

Ce peut être l'occasion de trouver un ou plusieurs associés intéressés par le projet, qui s'investiront non seulement financièrement, mais également professionnellement en rejoignant le repreneur dans son projet.

1.1.1. Les incitations fiscales existantes

1.1.1.1. Pour le repreneur

Si vous créez une société pour acheter un fonds de commerce, vous pouvez bénéficier d'une réduction d'impôt en souscrivant en numéraire au capital de la société. La société bénéficiaire doit toutefois remplir des conditions assez strictes, limitant assez fortement l'accès à cette réduction d'impôt.

Les principales contraintes sont les suivantes :

La société doit employer au moins deux salariés à la clôture du premier exercice et moins de cinquante, réaliser un chiffre d'affaires ou un total de bilan inférieur à 10 M€, ne pas être en difficulté, être en phase d'amorçage, de démarrage ou d'expansion, être soumise à l'impôt sur les sociétés.

Vous devrez conserver les parts jusqu'à l'expiration de la cinquième année qui suit celle de la souscription. Les versements sont retenus dans la limite de 50 000 € pour un contribuable célibataire, veuf ou divorcé, et de 100 000 € pour un couple soumis à imposition commune. La fraction des versements qui excède ces limites ouvre droit à la réduction d'impôt au titre des quatre années suivantes.

Le taux de la réduction d'impôt est de 18 % pour les versements effectués depuis 2012.

Si vous créez une société « holding animatrice » pour reprendre les titres d'une société existante, il est quasiment impossible de bénéficier d'une réduction d'impôt proportionnelle à votre apport au capital de la société. En effet, le législateur impose que la société holding soit active au moment de la reprise de la société cible, et détienne déjà une première filiale depuis plus de douze mois et au moins deux salariés.

Le financement de la reprise

Si votre **holding est purement financière**, par conséquent n'employant pas de salarié et ne rendant aucun service à ses filiales, le bénéfice de la réduction d'impôt est possible, dans le cas où elle ne détient que des participations dans des sociétés répondant aux critères précédemment énoncés pour les sociétés en création.

Si vous êtes redevable de l'**impôt de solidarité sur la fortune**, vous pouvez en réduire le montant à la condition de souscrire au capital d'une société respectant les mêmes critères. Vous devrez conserver les parts jusqu'à l'expiration de la cinquième année qui suit celle de la souscription. Le montant de la réduction d'ISF est égal à 50 % de l'apport en numéraire effectué au capital initial ou aux augmentations de capital, limité à 45 000 €.

Enfin, depuis la loi pour l'initiative économique d'août 2003 (loi Dutreil), les repreneurs ont la possibilité de retirer des sommes de leur PEA avant cinq ans, sans supporter de fiscalité au titre de l'IR, dans la mesure où les fonds sont investis dans les trois mois dans le capital d'une société reprise ou dans son holding de rachat.

1.1.1.2. Pour le cédant

Tutorat et prime à la transmission d'entreprise

La loi en faveur des PME d'août 2005 a instauré une mesure en faveur de la transmission d'entreprise : la « convention de tutorat ». L'article L. 129-1 du Code de commerce incite le cédant d'une entreprise à transmettre son savoir-faire au repreneur en lui attribuant une prime versée par l'État.

Les études réalisées par Oséo (Bpifrance) ont mis en évidence que les repreneurs accompagnés par leur cédant connaissent deux fois moins d'échec. L'objectif de cette mesure est donc clair : pérenniser l'entreprise et l'emploi.

Pour la réalisation de sa prestation, le cédant peut être rémunéré dans les limites du cumul emploi-retraite ou non rémunéré par le repreneur, mais assuré dans ce cas contre les risques d'accidents du travail et de maladie professionnelle.

La convention de tutorat permet donc de donner un cadre juridique à l'accompagnement du cédant. Sa durée est comprise entre deux mois et un an maximum. À l'issue de la convention, le cédant peut, sous certaines conditions, bénéficier d'une prime à la transmission d'entreprise de 1 000 euros. Cette prime n'est pas imposable.

1.1.2. Intérêts et limites de l'endettement personnel pour renforcer les apports

Le recours à l'emprunt à titre personnel pour augmenter les apports constitue à la fois un effet de levier immédiat et un frein pour l'avenir.

Avantages

L'augmentation de l'apport apparent du repreneur renforce sa capacité d'endettement dans la structure de reprise. Elle lui permet également de conserver une part plus importante du capital, en cas d'entrée de partenaires financiers dans la société.

Inconvénients

Cette solution est onéreuse pour le repreneur, les intérêts n'étant que partiellement déductibles fiscalement dans le cadre d'une société soumise à l'IS. Par ailleurs, la charge de remboursement finale supportée par l'entreprise peut être très élevée, si le remboursement du crédit nécessite le prélèvement de sursalaires.

1.2. La participation au capital du cédant

Avantages

En proposant au cédant de l'associer au capital du holding de reprise, le repreneur est gagnant à plusieurs titres :
- il complète les fonds propres de sa société en s'assurant une reprise totale, permettant le bénéfice de l'intégration fiscale ;
- il se met en meilleure position pour négocier un prix plus bas, le cédant réalisant une vente à double détente ;
- il l'amène à davantage jouer le jeu durant la période de transmission de l'entreprise.

Inconvénients

Le repreneur risque de perdre en autonomie de gestion. Il aura à rendre des comptes à cet associé dont le poids historique dans la société risque d'être gênant. Il devra, à terme, racheter cette participation en payant le prix fort.

En cas de position majoritaire du cédant dans le holding, l'amendement Charasse interdit toute déduction des frais financiers du holding sur les résultats de la cible.

1.3. La participation au capital d'une partie des salariés de la cible

Avantages

Une telle éventualité permet de renforcer les fonds propres du holding et de fidéliser les hommes clés de la société en leur imposant, en contrepartie de leur entrée au capital, des clauses de non-concurrence.

Les actionnaires consentiront plus facilement des efforts financiers en cas de difficultés futures.

Enfin, le repreneur se sentira moins seul et sera vraisemblablement davantage secondé durant la phase de reprise.

Inconvénients

Comme précédemment, le repreneur devra partager le pouvoir et les plus-values futures en cas de succès. Une association aussi rapide avec des personnes que l'on ne connaît pas peut être dangereuse et mal se terminer, des points de blocage pouvant survenir dans la gestion de la société.

L'association n'est pas pour autant une assurance tous risques en matière de stabilité du personnel ; une partie de celui-ci peut être amenée à quitter la société ultérieurement, en restant actionnaire. Il convient de prévenir une telle situation en précisant, dans les statuts ou de manière extrastatutaire, les conditions de sortie de tout actionnaire qui ne serait plus salarié.

1.4. La participation au capital des fournisseurs et des clients

Outre le renforcement des fonds propres, une telle participation permet de créer des liens économiques forts avec l'environnement :

- en amont, l'entrée d'un fournisseur au capital peut déboucher sur des tarifs et des conditions préférentielles en termes de règlement, d'exclusivité territoriale, de diffusion de produits en avant-première ;
- en aval, l'entrée d'un ou de plusieurs clients au capital peut se traduire par un minimum de chiffre d'affaires assuré, une meilleure remontée d'information sur les attentes de la clientèle et une plus grande transparence sur la perception des produits diffusés ou du service apporté.

Le principal inconvénient dans ce dernier cas est le risque de mécontentement ou de défiance de certains clients, qui peuvent craindre des répercussions en termes de concurrence et la divulgation d'informations les concernant.

1.5. La participation au capital de sociétés de capital-risque et de « *business angels* »

L'émergence récente de nouveaux fonds régionaux de participation et le développement rapide du concept d'investisseur privé, « *business angel* », offrent de réelles opportunités pour les repreneurs qui souhaitent renforcer leur capacité d'intervention.

Avantages

Une crédibilité renforcée du repreneur et de son projet, du fait du professionnalisme reconnu de ces intervenants.

La possibilité de reprendre une entreprise plus importante du fait de moyens financiers renforcés et plus adaptés. Les obligations convertibles, par exemple, ont pour principal avantage d'être remboursables à terme, voire même, si le dossier est trop tendu, d'être transformées en capital.

Le financement de la reprise

En cas de besoin de renforcement ultérieur de la structure financière, ces sociétés disposent des moyens financiers permettant un apport complémentaire rapide et significatif.

Leur intervention facilite l'octroi de concours moyen terme à de meilleures conditions, compte tenu de risques plus limités pour les banques.

Le repreneur bénéficie du réseau et de l'appui des investisseurs pour boucler son plan de financement et développer l'entreprise ultérieurement.

La constitution d'un vrai conseil d'administration permet au dirigeant de bénéficier de l'expertise de ses partenaires et de partager un certain nombre de décisions stratégiques.

Inconvénients/contreparties

Le passage quasi obligatoire du holding en SA, de façon à pouvoir mettre en place les valeurs mobilières évoquées précédemment.

La transmission d'informations régulières, sous forme d'un reporting trimestriel en règle générale.

Le risque de se voir mis en minorité en cas de transformation des obligations convertibles en capital ou de levée de bons de souscription.

Le paiement d'un intérêt sur les quasi-fonds propres (4 à 6 %), qui sera complété par une prime de non-transformation de l'ordre de 4 à 6 %, en cas de non-conversion en capital de la dette à terme. Cette prime est destinée à compenser le fait que la société de capital-risque ne pourra pas réaliser de plus-value sur les titres, parce qu'elle a accepté de ne pas transformer sa dette obligataire en actions.

La nécessité de prévoir une sortie à l'horizon cinq/sept ans, le rachat par le repreneur lui-même étant de moins en moins fréquent, les grands groupes offrant davantage pour leur participation et l'entrée en Bourse étant rarement possible.

Enfin, dernier point qui n'est pas à méconnaître, les pactes d'actionnaires prévoient souvent un minimum de performance à obtenir par le repreneur. En cas de non-atteinte de résultats, l'augmentation de la part des financiers dans le capital est programmée par le rachat de la participation du dirigeant ou une augmentation de capital à des conditions préférentielles.

Contact : Association française des investisseurs en capital
• AFIC : 23 rue de l'Arcade, 75008 Paris, tél. 01 47 20 99 09, www.afic.asso.fr

Selon les intervenants, les investissements sont compris entre 40 000 euros et plusieurs millions d'euros.

Pour bénéficier de l'intervention de sociétés de capital-risque, la première étape à franchir est la constitution d'un plan d'affaires (« *business plan* »), complet et attractif, qui présente à la fois l'entreprise cible, son marché, le projet de développement et le repreneur.

☞ *Cf. annexe 5 : modèle indicatif de dossier financier.*

Les principaux avantages des investisseurs privés (« *business angels* ») par rapport aux sociétés de capital-risque sont la rapidité de décision (ils jouent essentiellement la personnalité du repreneur) et la proximité de culture (ce sont en règle générale des chefs d'entreprise ou d'anciens entrepreneurs qui décident d'investir une partie de leur patrimoine dans des sociétés privées).

Contacts : Fédération et associations d'investisseurs privés
• Association Love Money pour l'Emploi, 10 rue Montyon, 75009 Paris, tél. 01 48 00 03 35, www.love-money.org
• Association Leonardo, 144 boulevard Haussmann, 75008 Paris, tél. 01 53 53 73 46, www.leonardo.asso.fr
• Proxicap, 21 bis avenue de Ségur, 75007 Paris, tél. 01 42 19 99 11, www.proxicap.com

Les investissements sont généralement plus faibles et se situent dans une fourchette comprise entre 15 K€ et 150 K€.

Dans le même ordre d'idées et pour les petits projets de création ou de reprise d'entreprise, le repreneur pourra utilement se rapprocher des Cigales. Ces associations sont, ni plus ni moins, des clubs d'investissement qui rassemblent l'épargne de proximité pour l'investir à raison de 2 300 à 4 600 € par projet, dans l'économie locale.

Plusieurs clubs pouvant se grouper pour réaliser un investissement, cette piste peut être intéressante y compris pour une reprise de PME.

Le financement de la reprise

Contact : Clubs d'investisseurs pour une gestion alternative et locale de l'épargne solidaire

- Fédération des Cigales, 61 rue Victor Hugo, 93500 Pantin, tél. 01 48 40 96 72, www.cigales.asso.fr

---

☛ *Cf. adresses et sites Internet utiles p. 271.*

2. L'utilisation des ressources de la cible

2.1. Dans le cas d'une reprise d'actifs

Le repreneur peut donner en garantie l'ensemble des biens acquis et réaliser certains d'entre eux, sans aucune contrainte juridique.

En revanche, qu'il s'agisse de reprise d'actifs isolés ou de rachat intégral de fonds de commerce, la trésorerie de l'entreprise cible est conservée par le cédant au même titre que l'endettement court ou moyen terme.

Le repreneur ne peut donc procéder à aucune distribution de dividendes pour financer partiellement le rachat des actifs.

2.2. Dans le cas d'une reprise de titres

S'agissant de la reprise d'une personne morale, le repreneur n'a pas le droit de s'appuyer sur les actifs de la cible pour financer sa reprise (article L. 225-216 du nouveau Code du commerce). Cet article de loi interdit notamment de donner en garantie les biens de la cible ou de procéder à des prélèvements de trésorerie, sous forme de comptes courants, pour financer son rachat.

En revanche, la distribution de dividendes ou la réalisation d'actifs post-acquisition sont possibles, sous réserve d'une certaine modération. Le risque, en cas d'excès, est de mettre l'entreprise cible en situation délicate et de tomber sous le coup de l'abus de pouvoir ou de biens sociaux.

Ces opérations n'étant réalisables qu'après le rachat des titres, le repreneur devra négocier un délai de règlement avec le vendeur ou un crédit relais auprès d'un établissement financier.

Sur le plan de la trésorerie dégagée, il convient de raisonner en intégrant la fiscalité attachée aux opérations réalisées, par exemple, la plus-value réalisée sur la cession de certains actifs.

3. Les ressources extérieures complémentaires

3.1. Les quasi-fonds propres : passerelle entre actions et obligations

3.1.1. Intérêts et effets de levier induits

Tout d'abord, que signifie l'expression « quasi-fonds propres » ?

On qualifie de « quasi-fonds propres » les dettes long et moyen terme susceptibles d'être remboursées ou transformées en actions. Ces produits, le plus souvent composites (OBSA, par exemple) constituent la forme principale des dettes mezzanines.

Que signifie le terme « mezzanine » et quel est l'intérêt pour le montage financier ?

Il s'agit d'un financement intermédiaire entre les dettes bancaires moyen terme classiques et les fonds propres. La dette mezzanine n'étant amortie qu'après le remboursement total de la dette bancaire classique, elle apporte une capacité d'endettement complémentaire et une plus grande souplesse au montage financier.

Elle permet un effet de levier maximal des fonds propres et optimise ainsi le rendement de l'investissement pour le repreneur, comme pour les financiers qui l'accompagnent. Certains intervenants vont jusqu'à accepter de reporter le règlement des intérêts de la dette, au terme du crédit.

Sur le plan pratique, en cas de non-transformation de tout ou partie de la dette mezzanine en capital, au terme du remboursement des dettes classiques, deux solutions sont possibles :

- soit le concours s'amortit normalement, comme un crédit classique sur trois ou quatre ans ;
- soit il est intégralement remboursé en une fois, si la trésorerie de l'entreprise le permet ou si les conditions de refinancement du moment sont plus intéressantes.

3.1.2. Dangers et limites pour le repreneur

Ce type d'emprunt est généralement accompagné d'un « *kicker* », sous forme de bons de souscription, permettant l'accès au capital en cas de succès de l'opération à des conditions préférentielles et préfixées.

Le repreneur risque donc de se trouver dilué et privé d'une partie des plus-values à l'échéance du crédit. Au-delà même de ce risque à terme, la mise en place de ces concours est, en règle générale, associée au respect d'un certain nombre de ratios intitulés « covenants ».

Le non-respect de ceux-ci (performance insuffisante, endettement excessif) peut conduire à l'exigibilité anticipée du crédit ou à une transformation anticipée de la dette en capital. L'objectif est de renforcer la structure financière de l'entreprise, mais également de prendre la majorité du capital afin de pouvoir remplacer le dirigeant à la tête de l'entreprise, en cas de besoin.

Pour prévenir un tel risque, le repreneur a intérêt à négocier la mise en place de valeurs remboursables en certificats d'investissement ou en actions à dividende prioritaire sans droit de vote.

Enfin, en cas de non-transformation de la dette en capital, le paiement d'une prime de non-conversion est généralement prévu au contrat (4 à 6 %) en guise de complément de rémunération et d'indemnité pour le prêteur.

3.1.3. Principales valeurs mobilières mixtes utilisées en matière de LBO

3.1.3.1. L'obligation convertible

Il s'agit d'une des premières valeurs mobilières complexes apparues en France. Elle est réglementée par la loi sur les sociétés du 24 juillet 1966.

C'est encore aujourd'hui le support principalement utilisé par les investisseurs en capital-risque en accompagnement de leur prise de participation au capital. Son mode de fonctionnement est à la fois simple et astucieux.

L'originalité du produit consiste dans son caractère hybride. Comme son nom l'indique, l'obligation convertible est avant tout une obligation. À ce titre, elle donne droit à son souscripteur à un revenu minimal annuel, dont le taux est généralement inférieur à celui d'une dette obligataire classique.

En complément de ce revenu minimal garanti, le porteur de l'obligation a la faculté de transformer sa créance en action à un cours prédéterminé qui lui permet ainsi, en cas de réussite du projet, de réaliser une plus-value sans risques.

Si la situation financière de l'entreprise n'évolue pas favorablement, le porteur de l'obligation peut la conserver jusqu'à son terme, en continuant de percevoir ses intérêts annuellement, ainsi qu'une prime de non-conversion à l'échéance.

L'avantage pour la société est triple en cas de conversion :
- le bénéfice d'un taux d'intérêt faible ;
- pas d'amortissement du capital pendant la durée de vie de l'obligation ;
- la suppression de la dette et l'augmentation des fonds propres lors de la conversion.

3.1.3.2. L'obligation à bon de souscription d'action

La loi du 14 décembre 1985 qui réglemente la création des valeurs mobilières complexes a permis de franchir une nouvelle étape dans la sophistication des produits, en offrant la possibilité aux financiers d'assortir leurs dettes d'options de souscription d'actions ou en prévoyant leur remboursement en actions.

L'obligation à bon de souscription d'action va ainsi plus loin, en permettant au souscripteur de bénéficier :
- d'une rémunération minimale durant toute la vie de l'obligation ;
- d'une espérance de plus-value grâce aux bons de souscription ;
- d'un remboursement du capital de l'emprunt à son échéance.

Pour la société, l'avantage principal par rapport à une obligation convertible est d'avoir, en cas de levée des options de souscription, un apport d'argent complémentaire. Dans le cas précédent, la dette est simplement transformée en action.

3.2. Les crédits bancaires moyen et long terme

Les crédits bancaires moyen et long terme représentent généralement la source de financement la plus importante, les ressources personnelles des repreneurs étant le plus souvent limitées et les investisseurs en capital-risque recherchant un effet de levier maximal, afin d'optimiser le rendement interne de l'opération.

Ils constituent donc un des points sensibles du dossier de reprise, puisqu'il convient à la fois de séduire les financiers pour boucler le plan de financement et de négocier les meilleures conditions possible.

3.2.1. Principaux types de crédits existants adaptés au financement de la reprise

3.2.1.1. Le crédit bancaire à taux fixe

Mode de fonctionnement

C'est un crédit dont les échéances sont toutes de même montant. La banque peut ainsi dresser dès l'origine le tableau des futurs remboursements, en décomposant pour chaque échéance les parties capital et intérêts. Il s'agit de la forme de crédit la plus diffusée, notamment en matière d'emprunt immobilier.

Avantages

La visibilité sur la charge de remboursement future.

Le plafonnement du taux d'intérêt à la hausse.

La protection du fonds de roulement les premières années, la part du capital remboursée étant faible.

Inconvénients

L'impossibilité de profiter de la baisse des taux, sauf renégociation.

Pour cette forme de crédit rigide, généralement pas de possibilité de moduler les échéances.

Le coût final élevé, les premières échéances comprenant essentiellement des intérêts.

L'existence de pénalités en cas de remboursement anticipé, compte tenu du refinancement bloqué par la banque pour garantir le taux fixe sur la durée du crédit.

3.2.1.2. Le crédit *in fine*

Mode de fonctionnement

C'est un crédit consenti à taux fixe ou à taux variable remboursable en une fois, au terme du crédit. Le paiement des intérêts peut s'effectuer mensuellement, trimestriellement, semestriellement ou annuellement à terme échu.

Avantages

Ce crédit s'assimile, dans son mode de fonctionnement, à une dette mezzanine. L'avantage essentiel réside dans l'absence de remboursement du capital durant la période de vie du crédit, ce qui donne une capacité d'endettement renforcée et davantage de souplesse les premières années.

Inconvénients

Le remboursement à terme en une seule fois du crédit nécessite la mise en place d'un produit de placement par capitalisation dès l'origine, nanti au profit des banques, ce qui limite d'autant la possibilité d'apports en fonds propres du repreneur.

Les performances actuelles limitées des produits d'assurance-vie et des bons de capitalisation rendent moins attractif ce type de concours, un gros capital devant être placé à l'origine pour assurer le remboursement à terme.

Globalement, le coût financier supporté par la cible est important, aucun amortissement du capital n'étant réalisé.

3.2.1.3. Le contrat de développement transmission de Bpifrance

Bpifrance commercialise un contrat de développement spécifique à la transmission d'entreprise.

Ce prêt vient en complément des financements bancaires pour un montant compris entre 40 et 400 K€. Son montant ne peut excéder 40 % des financements bancaires mis en place. Le remboursement est trimestriel.

Avantages

Ce contrat autorise la possibilité de différer le remboursement de la dette de deux ans en capital lorsque le prêt est consenti pour une durée de sept ans.

Ce contrat est accordé sans garantie ni caution personnelle.

Inconvénients

La limitation de la durée globale à sept ans maximum, même dans le cas où l'on choisit le différé sur deux ans. Dans ce cas, l'opération revient à rembourser la dette sur cinq ans. De plus, il est généralement possible, en cas de reprise d'une société soumise à l'IS par un holding, de demander aux banquiers de financer l'opération sur une durée de sept ans, à laquelle on ajoute un différé permettant chaque année de procéder à l'établissement des comptes et à la distribution des dividendes.

Exemple n° 16

Les titres d'une société sont repris au 1er janvier par un holding. Elle clôture ses comptes au 31 décembre de chaque année. L'année suivante, le remboursement de la première échéance du prêt ne pourra intervenir que lorsque les comptes auront été établis, éventuellement certifiés par un commissaire aux comptes, et la distribution de dividendes effectuée.

Le plus souvent, l'ensemble de ces questions est résolu entre fin avril et fin juin. Il est donc nécessaire que la banque accorde un différé de paiement de quatre à six mois à ajouter à la durée globale de sept ans.

Même en cas de différé de remboursement, les intérêts restent à payer trimestriellement dès la mise en place du prêt. Il faut donc que le plan de financement ait prévu ce paiement, la distribution de dividendes n'étant possible qu'après la clôture du premier exercice suivant la reprise. Si le différé de remboursement n'est pas activé dès le premier trimestre, il faudra rembourser une partie de la dette intérêts et capital.

3.2.2. Distinction entre dette mezzanine et dette senior

La dette mezzanine ne s'amortit qu'après le remboursement complet des dettes bancaires classiques, appelées « dettes seniors ». Les garanties accordées par l'emprunteur sont généralement données en premier rang aux banquiers de la dette senior, un second rang étant attribué aux financiers de la dette mezzanine.

À ce titre, le crédit *in fine* classique est bien à classer dans les dettes seniors, le remboursement du capital étant effectué avant celui des dettes mezzanines et la garantie accordée par l'emprunteur étant réelle et de premier rang.

La dette mezzanine est plus longue que la dette senior, et bénéficie de moins bonnes garanties. En contrepartie, les taux d'intérêt sont plus élevés et des bons de souscription ou des possibilités de conversion en capital sont offerts aux prêteurs.

> **CONSEIL D'EXPERT**
>
> **Produit spécifique : le contrat MEZZO**
>
> Des produits financiers destinés aux financements des opérations de reprise d'entreprise ont été créés ces dernières années par les établissements bancaires. On peut notamment citer le contrat MEZZO proposé par la Banque Populaire de l'Ouest en relation avec sa filiale de capital développement Ouest Croissance.
>
> **Principe**
>
> Le contrat MEZZO est un outil de financement sous forme d'obligations convertibles (dette convertible en capital) assorti d'un principe de non-conversion.
>
> Cet outil peut être mis en œuvre dans les opérations de haut de bilan (reprise d'entreprise, OBO…) sur des entreprises ayant un chiffre d'affaires inférieur à 8 millions d'euros.
>
> L'entreprise doit être *in bonis* et en développement.
>
> **Avantages**
>
> Principe de non-conversion : le contrat MEZZO prévoit qu'il ne peut y avoir conversion de la dette en capital, sauf en cas de cession du capital par le dirigeant pendant la durée du contrat.
>
> Principe de non-dilution du capital : le contrat MEZZO prévoit qu'en cas de conversion de la dette en capital, la prise de participation ne peut excéder 25 % du capital.

Le financement de la reprise

> **Inconvénient**
> Pour attribuer le contrat MEZZO, la Banque Populaire de l'Ouest exige de financer au moins partiellement la dette senior de l'opération.
>
> **Modalités et conditions générales de mise en œuvre**
> Durée du contrat : sept à huit années.
> Plafond du contrat : 300 000 €.
> Taux d'intérêt décomposé en deux parties :
> - taux de base applicable au montant emprunté ;
> - prime de non-conversion : intérêts capitalisés sur la durée du contrat et remboursable *in fine*.
>
> Mode d'amortissement du capital : remboursement du capital *in fine* (fin du contrat).

3.2.3. Répartition des crédits entre la société mère et la société cible

Le repreneur a tout intérêt, chaque fois que c'est possible, à loger ses emprunts sur la société d'exploitation. Il peut ainsi s'endetter et rembourser ses crédits plus facilement sans risquer de tomber sous le coup de l'article L. 225-216 du nouveau Code du commerce et du délit d'abus de biens sociaux.

Il peut donner en garantie les biens de la société d'exploitation et disposer d'une plus grande marge de manœuvre pour rembourser ses crédits, en s'appuyant notamment sur la totalité de la capacité d'autofinancement et non pas seulement sur le résultat net, voire même, si nécessaire, sur le poste clients de la cible en le mobilisant à court terme.

La répartition des crédits entre la cible et le holding a également pour mérite de diminuer les effets de levier apparents entre les apports du repreneur et les dettes sollicitées, favorisant ainsi le respect des ratios d'endettement communément admis.

Exemple n° 17

Prenons pour hypothèse, un repreneur qui apporte 150 K€ et cherche à lever 755 K€ d'emprunt pour :
- acheter les titres d'une société d'exploitation (450 K€) ;
- acheter le fonds de commerce auprès du dirigeant actuel (230 K€) ;

.../...

…/…
- renforcer le fonds de roulement (150 K€) ;
- réaliser des investissements de mise à niveau de l'outil de production (75 K€).

La cible dispose de 380 K€ de fonds propres et est endettée à moyen terme à hauteur de 305 K€.

Si le repreneur emprunte l'intégralité des crédits sur son holding, son niveau d'endettement représentera cinq fois les fonds propres, soit un effet de levier important et supérieur aux normes de prudence imposées par les directions de crédit à leur réseau.

Le dossier remontera, par sa nature, son montant et la faiblesse des garanties, à la direction du crédit de la banque. Le repreneur perdra ainsi contact avec le décideur final de son dossier et aura de fortes chances de voir son dossier refusé, compte tenu du déséquilibre financier.

À l'inverse, il lui est possible de scinder l'opération en deux, la reprise des titres de la société cible étant réalisée par le holding et le reste de l'opération étant logé sur la société d'exploitation. Les effets de levier apparents seront plus acceptables :
- 1 € d'apport pour 2 € d'emprunt dans le holding, le besoin de financement de 450 K€ étant couvert par 150 K€ d'apport et 300 K€ de crédits ;
- 1 € de fonds propres pour 2 € de crédits moyen terme dans la société cible, le besoin de financement de 455 K€ étant couvert intégralement par des crédits bancaires moyen terme.

3.2.4. Effets de levier et ratios communément admis

3.2.4.1. Relatifs à la capacité d'endettement

- Le ratio endettement à terme/fonds propres = 1 normalement, 2 à 3 maximum dans les opérations de reprise par des personnes extérieures à l'entreprise.
  Ce ratio mesure l'autonomie financière de l'entreprise et la répartition du risque entre prêteur et emprunteur.
- Le ratio endettement à terme cumulé (cible + holding)/capacité d'autofinancement < 4.
  Ce ratio détermine le nombre d'années de cash-flow nécessaire au remboursement théorique de l'ensemble des crédits moyen et long terme de l'entreprise.

3.2.4.2. Relatifs à la capacité de remboursement

Il s'agit là, en fait, des seuls vrais butoirs auxquels le repreneur comme les prêteurs sont astreints sur le plan économique, en dehors de la simple orthodoxie financière.

- Le ratio charge de remboursement annuelle cumulée/capacité d'autofinancement < 70 % dans l'industrie et le transport et < 80 % dans le négoce.
  Ce ratio mesure le poids de la dette annuelle à rembourser (cible + holding) par rapport à la capacité d'autofinancement globale du groupe. Dépasser les taux indiqués rend le projet plus risqué en interdisant tout revirement de situation. Difficile à défendre.
- Le ratio charge de remboursement annuelle du holding/résultat net de la cible < 70 %.
  Ce ratio détermine le taux de distribution de dividendes nécessaire pour faire face au remboursement des dettes (capital + intérêts) du holding. Au-delà du seuil indiqué, les financiers estiment que l'entreprise n'aura plus les moyens de se constituer une réserve de fonds propres suffisante pour accompagner sa croissance, rembourser de futurs crédits mis en place sur la société d'exploitation ou faire face à un retournement de conjoncture.
- Le ratio frais financiers annuels cumulés/excédent brut d'exploitation de la cible < 40 %.
  Ce ratio met en évidence la part des frais financiers cumulés par rapport à l'excédent brut d'exploitation de la cible. Au-delà de 40 % de prélèvement, le poids de la dette est considéré comme trop conséquent, l'entreprise travaillant près d'un jour sur deux pour couvrir ses frais financiers.

3.2.5. Options et points divers à négocier

Le différé d'amortissement : c'est une option quasi indispensable dans le cas d'un montage prévoyant des distributions de dividendes pour rembourser la dette du holding. Le différé nécessaire est de seize à dix-huit mois le premier exercice, afin de permettre la clôture du bilan et son approbation par l'assemblée générale.

La périodicité des remboursements : en cas de remboursement *via* le produit de dividendes, la périodicité des échéances ne pourra être qu'annuelle. En revanche, en cas de remontées de trésorerie régulière (location-gérance, frais de gestion), une périodicité mensuelle ou trimestrielle pourra être envisagée. L'intérêt de l'emprunteur est de lisser les remboursements pour diminuer les risques d'impayés et les frais financiers.

La durée du crédit : plus la durée du crédit est longue et moins les échéances de remboursement sont importantes, donnant ainsi plus de souplesse au montage financier. La durée généralement pratiquée pour une reprise d'entreprise est de sept ans. Néanmoins, il arrive que des crédits soient mis en place sur huit ans, voire dix ou douze ans pour certaines opérations (pharmacies et tabacs-loto-presse notamment). Certes, une durée de crédit longue génère des frais financiers importants, mais rien n'empêche un remboursement accéléré à certaines périodes, voire un remboursement momentané, sans pénalités.

Le mode d'utilisation : la négociation d'une formule de crédit souple est beaucoup plus importante que le fait de gagner dix ou vingt centimes d'euros sur un taux de crédit. Il est préférable de négocier des crédits sur-mesure quant à leur mode d'amortissement et leur mode de tirage, afin de sécuriser le projet de reprise et de limiter les frais financiers aux seules périodes d'utilisation des crédits.

Les modalités de remboursement anticipé : lors de la mise en place d'un crédit à taux fixe, les contrats prévoient normalement des pénalités en cas de remboursement anticipé. Selon les banques et la rédaction des clauses, ces pénalités peuvent représenter de 3 à 10 % du capital restant dû. Il faut être extrêmement prudent sur ce plan et négocier préventivement des conditions de sortie les plus « douces » possible. Concernant les crédits à taux variable, aucune pénalité n'est en principe exigible en cas de remboursement anticipé, les banques se refinançant sur le marché monétaire lors de chaque échéance. Certains contrats prévoient néanmoins, en standard, des frais pouvant atteindre jusqu'à 3 % du capital restant dû. La vigilance s'impose donc là aussi.

La protection contre la hausse du taux d'intérêt : la mise en place de crédits souples n'est possible qu'à taux variable, ce qui engendre un risque de taux pour l'entreprise. Il est donc recommandé de prévoir, dès l'origine et par contrat, les modalités de couverture de ce risque.

Le financement de la reprise

De nombreuses formules existent, en voici trois :

- Le CAP : plafond de taux qui limite le dérapage du taux variable à la hausse (par exemple, variation du Pibor d'origine + 2 % maximum). Ce type de couverture était réservé il y a quelques années aux crédits de plus de 1 500 K€. Il s'est aujourd'hui beaucoup « démocratisé » du fait de la concurrence bancaire, et peut se négocier pour des montants de crédits à partir de 150 K€. La prime correspondant à cette couverture est de plus en plus incorporée dans le taux du crédit négocié avec la banque.
- La fourchette : la mise en place d'un plafond peut être accompagnée d'un plancher qui vient limiter le bénéfice de la baisse des taux d'intérêt pour l'emprunteur. La variation du taux est ainsi encadrée entre un plus haut et un plus bas, constituant une fourchette de taux. L'avantage de cette formule est de limiter le coût du CAP, voire même d'annuler son prix par la mise en place du plancher.
- La capacité de transformer le crédit à taux fixe : il s'agit d'une option indispensable dans tout contrat à taux variable, la hausse des taux pouvant être importante et durable sur une période de sept à huit ans. L'emprunteur doit négocier l'index de référence qui sera retenu en cas de transformation en taux fixe (OAT, TME, TMO), la marge sur cet index, les périodes auxquelles cette transformation est possible (à tout moment, une fois par an, à l'occasion des échéances…), le délai de prévenance (8 jours, 15 jours, 1 mois), les frais de transformation et le montant des pénalités en cas de remboursement anticipé.

Le taux d'intérêt ou la marge sur index : il constitue bien souvent le point de négociation sur lequel l'emprunteur se focalise. Sans renier le fait qu'il soit important, il reste mineur par rapport aux différents aspects évoqués précédemment. La comparaison des taux est souvent difficile, les modalités de remboursement et d'utilisation n'étant pas toujours les mêmes. La solution consiste à raisonner en taux actuariel, en intégrant tous les frais de l'opération et les flux de remboursement programmés.

Les frais divers : qu'il s'agisse des frais de dossiers, de prise de garanties, des commissions d'engagement, de non-utilisation, de couverture de taux, de transformation, des indemnités de remboursement anticipé partiel ou total, l'ensemble de ces frais est négociable et influe sur le coût final du crédit. La vigilance est donc de mise, tout en conservant à l'esprit les priorités à négocier (souplesse, durée du crédit et garantie personnelle limitée).

3.2.6. Dangers et écueils à éviter

Des garanties personnelles trop élevées : il est un euphémisme de dire que les banques apprécient les cautions personnelles. Elles justifient cette position par la volonté d'impliquer le plus possible le repreneur dans le dossier et par la faiblesse des garanties possibles en matière de reprise de titres de société. Les cautions qui se veulent « motivantes » deviennent en réalité des freins psychologiques lorsqu'elles sont trop importantes, voire démesurées, en regard du patrimoine du repreneur. Elles l'empêchent de mener une politique dynamique et volontariste de développement de l'entreprise reprise. Des solutions existent, qui permettent de limiter l'engagement personnel du repreneur. Elles passent par une diminution du risque pris par les banques :

- renforcement des fonds propres par l'ouverture du capital à des partenaires extérieurs ;
- négociation de dettes mezzanines en contrepartie de bons de souscription d'actions ;
- reprise du fonds de commerce au lieu des titres, afin d'offrir une garantie réelle ;
- partage du risque entre plusieurs banques, afin de limiter le risque de chacune d'elles ;
- couverture du risque par une société de contre-garantie extérieure.

Des « covenants » trop difficiles à respecter : s'inspirant des usages anglo-saxons, il est de plus en plus fréquent que l'octroi et le maintien des prêts à moyen et long terme soient associés au respect d'un certain nombre de ratios d'exploitation et de bilans, intitulés « covenants ». La généralisation de cette pratique constitue un risque important pour l'emprunteur, puisque le non-respect de ces ratios peut permettre à une banque de dénoncer ses concours en les rendant immédiatement exigibles. S'il n'est pas toujours possible de supprimer ces covenants, il est, en revanche, naturel de faire préciser leur mode de calcul et de négocier les plafonds de chacun d'entre eux, voire même d'en supprimer certains.

Le financement de la reprise

Parmi les ratios les plus fréquemment utilisés, on trouve :

- fonds de roulement > 0 ;
- frais financiers/excédent brut d'exploitation < 40 % ;
- dettes long et moyen terme/capacité d'autofinancement < 4 ;
- dettes long et moyen terme/fonds propres < 1.

Des clauses d'exigibilité excessives : le chapitre concernant les conditions d'exigibilité anticipée dans les contrats de prêt est éminemment important, puisqu'il touche à la survie même de l'entreprise en situation délicate. Il va de soi qu'une entreprise en difficulté ne peut pas faire face au remboursement anticipé de ses crédits moyen terme, et se trouve de fait en cessation de paiements. Chacune des clauses d'exigibilité doit donc être regardée avec circonspection et supprimée en cas de besoin, si elle s'avère trop excessive (exemples : possibilité d'exigibilité anticipée en cas de mise en place de nouveaux concours, de nantissement du fonds de commerce, de cession de certains actifs, d'inscription de privilèges par le Trésor public, etc.).

Un mode de calcul trop aléatoire des intérêts : en matière de taux variable, il convient d'être très précis sur le mode de calcul des agios, les index de référence pouvant varier très sensiblement selon l'interprétation que l'on retient. Un écart de plus d'un point est tout à fait possible sur une longue période. L'Euribor est un bon exemple en la matière.

Exemples n° 18

- De quel Euribor s'agit-il ? Celui du 1 mois ? du 3 mois ? du 12 mois ?…
- Doit-on prendre l'Euribor du début de période ? de fin de période ? la moyenne des Euribor de la période écoulée ?

Cette dernière formule est de loin la meilleure. Elle évite à l'emprunteur de subir la volatilité des taux d'intérêt qui peuvent varier très sensiblement à l'intérieur d'un mois.

3.2.7. Arguments à développer et proposition de dossier type

Les facteurs clés de succès en matière d'entreprise sont essentiellement humains, stratégiques et qualitatifs.

Les chiffres du passé sont certes intéressants, mais ils n'éclairent que le passé et la qualité du management du cédant. Pour séduire et convaincre, le dossier financier doit dépasser le stade des chiffres, et mettre en évidence les aspects qualitatifs et marketing qui feront le succès de demain :

- présentation du marché, analyse de la concurrence, perspectives d'évolution ;
- présentation et positionnement de l'entreprise sur son marché, facteurs clés de succès ;
- adjonction de photos, de catalogues, d'organigrammes permettant d'éclairer le dossier ;
- présentation du repreneur : parcours, qualités personnelles, environnement familial ;
- pourquoi est-il l'homme de la situation ? Pourquoi va-t-il réussir ? Cohérence du projet ?
- présentation de son projet d'entreprise et des principales actions envisagées à court terme.

Les analyses et projections financières habituelles viennent compléter le dossier en validant l'intérêt et la faisabilité de l'opération :

- analyse financière de l'entreprise cible et comparaison aux chiffres sectoriels ;
- justification du prix de transaction ;
- plan de financement détaillé de l'opération ;
- présentation des hypothèses d'exploitation et des prévisionnels d'activité ;
- mise en évidence des nouveaux seuils de rentabilité et d'équilibre de trésorerie.

☛ *Cf. annexe 5 : modèle indicatif de dossier financier.*

À RETENIR

L'analyse d'un risque financier repose en premier lieu sur la personnalité de l'emprunteur, la cohérence de son parcours professionnel et de son projet de reprise.

Exemple n° 19

Un boulanger-pâtissier, de formation et d'expérience, qui souhaite radicalement changer de métier à 40 ans pour reprendre une entreprise dans le bâtiment par exemple, aura beaucoup de mal à convaincre, quels que soient ses apports et la qualité de la cible.

Il en va de même en matière de construction de prévisionnel. Le passé renseigne sur le futur et fixe les limites du crédible en matière de prévisions. L'analyse des marges et de l'évolution du chiffre d'affaires sur les cinq dernières années va presque déterminer les projections financières acceptables, s'agissant d'une reprise d'entreprise saine.

Les chiffres clés de la profession fournis par les centres de gestion ou la Centrale des bilans de la Banque de France permettent également d'encadrer et de justifier les prévisions.

Il convient donc de rester raisonnable et crédible en matière de prévisionnel, en évitant les évolutions trop rapides de chiffre d'affaires et de résultats.

En revanche, il est essentiel d'insister, au-delà des chiffres, sur les motivations du ou des repreneurs, la qualité de leur parcours professionnel, les éléments de marché justifiant les prévisions d'activité. Autant d'éléments qualitatifs qui ne peuvent que faciliter l'octroi des crédits.

3.3. Le crédit vendeur

3.3.1. Classique

Selon les études réalisées par Oséo (Bpifrance), le crédit vendeur représente en moyenne 6 % du financement global d'une reprise de PME. Ce chiffre est faible en regard des dettes bancaires qui pèsent près de 60 % des ressources totales.

Peu important et en règle générale court (18 à 36 mois), il n'apporte pas au repreneur une solution satisfaisante et durable au financement de la reprise. Un remboursement trop rapide risque de détériorer la trésorerie de l'entreprise et nécessite, dans la plupart des cas, la mise en place d'un crédit moyen terme de substitution.

Le crédit vendeur n'apporte pas non plus de solutions en termes de réduction du risque bancaire, puisque le cédant demande fort logiquement une caution bancaire à hauteur de son crédit.

Dernière justification possible à la mise en place d'un crédit vendeur : la couverture de la garantie d'actif et de passif. Celle-ci peut très bien être réalisée par une caution délivrée par une banque du cédant. En optant pour une caution à première demande, le repreneur bénéficiera d'un règlement immédiat de la part de la banque, sans attendre le résultat du différend qui l'oppose au cédant.

La négociation du crédit vendeur perturbant bien souvent les relations avec le cédant, le repreneur a tout intérêt à privilégier un financement bancaire classique. Il pourra ainsi axer ses négociations sur des points essentiels (le prix, les garanties), en étant en meilleure position avec le vendeur.

3.3.2. Atypique : le viager

Nous avons découvert ce mode de financement il y a quelques années, à l'occasion du rachat d'une entreprise effectué par l'un de nos clients, en région lyonnaise. Le cédant n'avait pas d'enfant et souhaitait transmettre son entreprise à l'un de ses cadres. Ce dernier ne disposant pas d'apport, les deux parties se sont entendues sur ce mode de cession particulier, favorisant une transmission en douceur et des revenus réguliers pour le cédant.

Les motivations du vendeur étaient de plusieurs ordres : une relation affective avec le repreneur, la volonté de préserver la culture d'entreprise, la crainte d'un démembrement et de licenciements en cas de cession à un grand groupe.

L'intérêt pour l'acquéreur était de trouver une source de financement très avantageuse. Par ailleurs, le cédant étant directement intéressé à la bonne marche de l'entreprise, la transmission s'est effectuée dans un climat très serein, proche des conditions d'une transmission familiale.

Sur le plan juridique, le contrat de rente viagère est régi par les articles 1968 et s. du Code civil. L'acquéreur est appelé « débirentier » et le vendeur, « crédirentier ». Au décès du ou des bénéficiaires, la rente viagère prend fin et le bien appartient en pleine propriété au débirentier.

Le viager peut être occupé ou libre :
- Dans le premier cas, le bien est démembré entre nue-propriété et usufruit. C'est en pratique l'usage courant en matière de viager immobilier, le cédant restant dans les murs de l'habitation.

- Dans le second cas, l'acquéreur peut occuper immédiatement le bien et en disposer comme bon lui semble. C'est la solution qui a été retenue dans l'exemple précédent.

Le prix global est déterminé en fonction de la valeur du bien, de l'existence ou non d'un bouquet (capital versé comptant en sus de la rente), de l'espérance de vie du cédant, de l'existence ou non d'une clause de réversibilité, des modalités de jouissance du bien et de la répartition des frais d'entretien.

En cas de vente du bien par le débirentier, ce dernier reste garant du paiement de la rente. En cas de décès avant le crédirentier, ses héritiers doivent poursuivre le paiement de la rente. Cet aléa peut toutefois être couvert par un capital décès souscrit sur la tête du débirentier.

Enfin, le rachat de la rente au bout de quelques années est possible avec l'accord du crédirentier, permettant ainsi au repreneur de fixer un terme au paiement de la rente.

Ce mode de financement méconnu en matière d'entreprise mériterait certainement un plus grand usage, notamment dans les cas de reprise par des personnes disposant de faibles capitaux. Le frein essentiel à sa plus grande diffusion réside certainement dans le risque de défaillance de l'entreprise dans les années qui suivent la transmission, le crédirentier se trouvant dans ce cas en présence d'un débirentier insolvable.

3.4. Les crédits bancaires court terme

3.4.1. Le crédit relais

Cette technique de financement est extrêmement utilisée en matière de reprise d'entreprise. L'acquéreur peut lui-même avoir besoin d'un tel crédit dans l'attente de la vente d'un bien personnel. Le crédit relais vient, dans ce cas, se substituer momentanément à son apport personnel.

Il peut également être mis en place dans le holding en attendant la cession d'actifs de l'entreprise cible ou la remontée de dividendes à une échéance plus ou moins lointaine. Le rachat de stocks ou la réalisation de gros travaux peuvent générer un excédent de TVA récupérable important, que le repreneur pourra financer en cas de besoin, par un crédit relais ponctuel.

L'intérêt du crédit relais pour le banquier repose sur la limitation du risque dans le temps et sur la qualité des garanties qu'il peut appréhender (cession Dailly de la TVA récupérable, promesse d'hypothèque sur le bien personnel en cours de réalisation, etc.).

L'intérêt du crédit relais pour le repreneur réside :
- dans la capacité immédiate de réaliser son opération ;
- dans la limitation des frais financiers compte tenu de la durée courte du crédit ;
- dans l'absence d'amortissement du crédit relais jusqu'à son terme.

3.4.2. La mobilisation du poste clients

La mobilisation du poste clients sous forme d'escompte, de Dailly ou d'affacturage permet un gonflement artificiel de la trésorerie disponible d'une entreprise. Il est ainsi possible et tentant de financer partiellement la reprise d'une entreprise sous cette forme, en distribuant la trésorerie disponible.

- Dans le cas d'une reprise de titres *via* un holding, un tel montage tombe sous le coup de l'abus de pouvoir et de biens sociaux, la cible n'ayant aucun intérêt à s'endetter à court terme pour financer son rachat. On est clairement dans le cadre de la distribution excessive de dividende, pénalement répréhensible. Il en va d'ailleurs de même pour les remboursements futurs de la dette.
- Dans le cas d'une reprise de fonds de commerce à titre personnel ou par le biais d'une société, le problème est différent. Le fonds de commerce appartenant à la personne endettée, le remboursement de la dette moyen terme par tout moyen profite bien à l'entreprise. En revanche, un tel mode de financement fragilise à l'évidence l'entreprise en la privant d'une partie de sa trésorerie. Sur le plan des équilibres financiers, le bilan est d'emblée déséquilibré, un investissement long terme étant financé par du crédit court terme. En fragilisant ainsi l'entreprise, le repreneur prend le risque d'une cessation de paiements rapide, préjudiciable aux tiers. En cela il peut être tenu responsable (faute de gestion), d'autant plus qu'il aura utilisé des crédits court terme à des taux élevés pour poursuivre l'activité (cas de banqueroute).

Le financement de la reprise

La mobilisation du poste clients doit, dans l'absolu, se limiter au financement du cycle d'exploitation. Que, ponctuellement et partiellement, elle permette un paiement de dividendes, un remboursement de compte-courant ou de crédit moyen terme, cela est possible si la mobilisation reste modérée et si l'entreprise bénéficie d'une structure financière saine par ailleurs.

LES GARANTIES LIÉES AUX CRÉDITS

1. Les garanties possibles

1.1. Dans le cas d'une reprise d'actifs

Le nantissement du fonds de commerce : il comprend la clientèle, le nom commercial, le droit au bail et le matériel. Il s'agit d'une garantie réelle prisée par les banques lorsqu'elles bénéficient d'un premier rang. En cas de défaillance de l'emprunteur, le produit de la cession du fonds de commerce vient rembourser les crédits restant dus. Si l'emplacement est bon et si la nature de l'activité est recherchée, le fonds de commerce a une réelle valeur marchande.

Le nantissement (gage) des biens financés : la valeur de la garantie dépend de la qualité du bien, de sa vitesse d'obsolescence, de sa capacité à être replacé rapidement, de la durée du crédit et de son mode d'amortissement (plus vite le crédit s'amortit, meilleure est la garantie). Idéalement, les établissements financiers préfèrent financer le matériel et l'immobilier en crédit-bail ou en location financière, afin d'être propriétaires du bien et ainsi pouvoir procéder rapidement à son reclassement en cas de défaillance du locataire. En matière de rachat d'actifs, cette formule est tout à fait possible. On parle alors de « *leaseback* ».

L'hypothèque ou le privilège de prêteur de deniers en matière de reprise d'immobilier : c'est une garantie solide, mais onéreuse et contraignante. Le privilège de prêteur de deniers qui offre au créancier la même garantie que l'hypothèque (le privilège du prêteur est inscrit directement dans l'acte d'achat du bien) permet de réaliser 30 % à 50 % d'économies par rapport à une inscription hypothécaire classique, en fonction du montant de l'opération. De plus, en cas de remboursement anticipé, aucune mainlevée n'est à réaliser, ce qui limite les délais de procédure et les frais en cas de revente.

La promesse d'affectation hypothécaire : toujours négociable, elle ne constitue cependant qu'un engagement de la part de l'emprunteur et en aucun cas une garantie réelle pour la banque. Le principal avantage réside dans l'absence de frais et d'inscription hypothécaire. En contrepartie, l'établissement financier demande en règle générale la caution du dirigeant et reste prudent dans l'accompagnement de l'entreprise, compte tenu du risque pris sur l'immobilier.

1.2. Dans le cas d'une reprise de titres

Seul le nantissement des titres de la cible est autorisé, les actifs de la cible ne pouvant pas être donnés en garantie. Il s'agit d'une garantie très faible, la valeur des titres étant le plus souvent nulle en cas de dépôt de bilan. Des garanties complémentaires sont donc fréquemment demandées par les banques, parmi lesquelles :

- la caution personnelle du repreneur ou de tiers (dont la portée et les conséquences seront évoquées dans la troisième section de ce chapitre) ;
- le nantissement de valeurs mobilières (contrats d'assurance-vie, Sicav, comptes à terme) ;
- l'inscription hypothécaire sur la résidence principale ou secondaire de l'emprunteur ;
- la contre-garantie d'une société de caution mutuelle ou de Bpifrance (point abordé dans la quatrième section du présent chapitre). Ce type d'assurance constitue une solution très efficace, à la fois pour l'emprunteur et les banques.

L'ensemble de ces garanties peut, bien évidemment, venir en complément des sécurités classiques prises lors d'acquisition d'actifs.

2. Les garanties impossibles

En dehors des aspects classiques de dol et d'incapacité, les principales limites imposées par la loi en matière de prise de garantie à l'occasion de transmission concernent l'acquisition de titres de société.

2.1. Les limitations imposées par l'article L. 225-216 du nouveau Code du commerce

L'article L. 225-216 du nouveau Code du commerce précise qu'une société ne peut avancer des fonds, accorder des prêts ou consentir une sûreté en vue de la souscription ou de l'achat de ses propres actions par un tiers.

En d'autres termes, l'acquéreur ne peut donner en garantie les actifs de la société cible pour financer son rachat. Ce texte vise aussi bien les opérations qui sont faites avant l'achat des actions qu'après leur achat. Tout endettement préalable à la cession visant à contourner la loi est donc susceptible d'être requalifié et condamné. Une fusion rapide entre la cible et le holding est également impossible, puisqu'elle permettrait de réaliser ce qui est interdit par ce texte.

2.2. Les limitations imposées par les articles L. 241-3 et L. 242-6 du nouveau Code du commerce

Les articles L. 241-3 et L. 242-6 du nouveau Code du commerce relatifs à l'abus des biens ou du crédit d'une société disposent, pour leur part, « que seront punis d'un emprisonnement de cinq ans et/ou d'une amende de 375 000 euros, les administrateurs ou les directeurs généraux d'une société qui, de mauvaise foi, auront fait des biens ou du crédit de la société, un usage qu'ils savaient contraire à l'intérêt de celle-ci, à des fins personnelles ou pour favoriser une autre société ou entreprise dans laquelle ils étaient intéressés directement ou indirectement. »

Dans le cas d'une opération de reprise, la société cible ne tire aucun profit en apportant ses biens en garantie de la dette du holding, cette opération n'ayant pour objectif exclusif que de permettre l'acquisition de ses titres par le repreneur, en offrant aux banques de meilleures sécurités. Une telle prise de garantie est donc illicite au regard de ce texte.

3. Les garanties à éviter

3.1. L'hypothèque sur la résidence principale

Si l'on peut concevoir le fait de donner en garantie une résidence secondaire ou des actifs immobiliers locatifs, il en va différemment de la résidence principale de l'emprunteur qui abrite la cellule familiale. L'intervention de Bpifrance en garantie exclut d'ailleurs le recours à ce type de garantie, en limitant par ailleurs la portée de la caution du dirigeant aux biens autres que la résidence principale.

L'hypothèque sur la résidence principale est à la fois coûteuse et perturbante pour la famille et le repreneur. Dans l'hypothèse où cette garantie est demandée par les banques du fait d'un apport insuffisant, mieux vaut, dans ce cas, vendre le bien immédiatement, dans de meilleures conditions que celles d'une liquidation par les banques. Le capital ainsi dégagé pourra être utilisé partiellement pour renforcer les apports initiaux, en conservant une réserve financière pour réaliser un apport ultérieurement, si nécessaire.

3.2. Les cautions personnelles ou de tiers

Simple, rapide et peu onéreux du fait de sa rédaction sous seing privé, l'acte de caution n'en demeure pas moins extrêmement engageant et dangereux pour les signataires. Il convient donc de l'éviter ou d'en limiter sa portée, chaque fois que possible. La section suivante étudie les garanties alternatives autorisées.

Il s'agit d'un contrat unilatéral et accessoire par nature (il vient garantir une obligation principale), qui peut prendre de multiples formes, plus ou moins contraignantes pour le garant. L'engagement maximal consiste à se porter caution des dettes d'une personne morale ou physique, de

Les garanties liées aux crédits

manière solidaire et indéfinie, y compris intérêts courus et à courir, frais et accessoires.

Il est presque impossible de dénoncer un tel engagement. En effet, la caution demeure engagée pour le montant du capital restant dû en cas de cession de l'entreprise, comme en cas de rupture de son contrat de travail, sauf stipulation contraire à l'acte ou substitution d'engagement acceptée par le créancier. Les héritiers eux-mêmes doivent assumer les engagements, dont la caution aurait pu être tenue de son vivant.

Dans la mesure où la caution chercherait à se rendre insolvable, le créancier peut sauvegarder son droit contre la caution selon les procédés de droit commun, en demandant par exemple une saisie-arrêt sur salaire ou une inscription hypothécaire provisoire.

> **CONSEIL D'EXPERT**
>
> ### Comment limiter la portée d'une caution ?
>
> - En spécifiant son objet, son montant et sa durée de manière précise.
> - En privilégiant une caution simple à une caution solidaire, afin de profiter du bénéfice de discussion et de division :
>   – le bénéfice de discussion permet à la caution de demander au créancier qu'il s'adresse, préalablement à la mise en jeu de sa caution, au débiteur principal pour saisir et vendre ses biens ;
>   – le bénéfice de division permet à la caution d'exiger du créancier qu'il poursuive séparément chacune des cautions, pour sa part ou portion, en cas de pluralité de cautions.
>   Il est important de noter toutefois qu'en matière commerciale, la caution est obligatoirement solidaire et que, dans ce cas, le garant perd le bénéfice de discussion et de division. Il en va ainsi pour toute personne actionnaire ou gérant de fait d'une société emprunteuse. Ce n'est pas le cas, en revanche, du conjoint et des tiers, parents ou amis non associés, qui n'interviennent pas dans la gestion de l'affaire.
> - En demandant à ce que l'engagement se réduise au fur et à mesure de l'amortissement du crédit garanti.
> - En réduisant sa validité à un nombre d'années inférieur à la durée du crédit.
> - En ne couvrant que partiellement la créance (50 % du concours étant par exemple le montant maximal de caution susceptible d'être retenu en cas de recours à la garantie de Bpifrance pour un prêt).
> - En intervenant seul à l'acte. Les biens de la communauté ne sont pas engagés dans ce cas, sauf à ce que le conjoint donne son consentement de manière expresse, accompagné de sa signature sur l'acte de caution.

> - En précisant les conditions dans lesquelles la caution est donnée : par exemple, la réalisation d'actes préalables au déblocage du crédit (libération du capital, entrée de nouveaux actionnaires) ou la prise de garanties complémentaires (nantissement du fonds de commerce et/ou des matériels financés).
>
> En effet, la caution est déchargée de son engagement en vertu de l'article 2037 du Code civil, lorsque la subrogation aux droits, hypothèques et privilèges du créancier ne peut plus s'opérer du fait d'une négligence ou d'une faute de sa part (non-régularisation d'une garantie, non-renouvellement d'une inscription arrivée à péremption, etc.). Il en va de même en cas de non-respect des conditions préalables au déblocage du prêt.

3.3. La protection de l'habitation principale des entrepreneurs individuels

Deux options permettent à l'entrepreneur individuel de protéger sa résidence principale :

- L'article 8 de la loi Dutreil permet de protéger son habitation principale lorsque l'on exerce à titre individuel. Pour bénéficier de cette mesure, l'entrepreneur doit effectuer une déclaration d'insaisissabilité de sa résidence principale devant notaire. Celle-ci est ensuite publiée, selon le cas, au registre du commerce, au répertoire des métiers ou dans un journal d'annonces légales pour un agriculteur ou un professionnel libéral.
Si l'habitation protégée est vendue ultérieurement, le prix de cession ne pourra être saisi si la somme est réinvestie dans le délai d'un an pour l'acquisition d'une nouvelle résidence principale.
- La constitution d'une EIRL : adoptée en mai 2010, la loi relative à l'entrepreneur individuel à responsabilité limitée permet aux exploitants individuels qui adoptent le régime de l'EIRL de mettre leur patrimoine personnel à l'abri de leurs créanciers professionnels. Une simple déclaration permet d'affecter les biens qui constitueront la garantie des créanciers à l'activité professionnelle.

4. Les garanties alternatives

4.1. Les sociétés de caution mutuelle

Il s'agit de sociétés privées, dont l'objet est de favoriser l'initiative économique en garantissant les crédits bancaires, par le biais de la mutualisation du risque.

Les taux de garantie apportés aux créanciers varient de 40 % à 100 % selon les sociétés et la nature du risque couvert. Cette garantie extérieure est doublement appréciée par les banques. Elle constitue d'une part une garantie complémentaire de qualité, et elle apporte d'autre part un second regard dans le dossier de financement, qui permet de conforter une première analyse.

Le mode de fonctionnement en est simple : une entreprise qui souhaite bénéficier d'une garantie doit verser à la fois une commission de gestion et de risque comprise entre 1 % et 2 % du capital emprunté et, en règle générale, cotiser à un fonds de garantie à hauteur de 1 % à 3 % du capital emprunté, selon les organismes et la nature du risque couvert (création, investissement, transmission).

L'ensemble des entreprises faisant appel à la société de caution mutuelle cotisent au même fonds de garantie. En cas de défaillance de l'un des cautionnés, la société de caution mutuelle indemnise le bénéficiaire de la garantie, en prélevant la somme sur le fonds de garantie. Au terme du crédit, l'entreprise ayant remboursé son concours se voit restituer sa quote-part du fonds de garantie si celui-ci est *in bonis*. Dans le cas contraire, son versement initial est perdu.

Au début des années 1980, il existait un très grand nombre de sociétés de caution mutuelle, la plupart étant d'ailleurs spécialisées dans un domaine d'activité spécifique (l'automobile, l'ameublement, la métallurgie…). La crise du début des années 1990 a eu raison d'un grand nombre d'entre elles, les fonds de garantie étant insuffisamment dotés au regard des contentieux déclarés.

Il reste donc aujourd'hui très peu d'intervenants dans ce secteur d'activité. Citons, parmi les sociétés existantes, la Siagi, qui dépend des chambres de métiers et couvre tous les types d'entreprise auprès de toutes les banques. Il existe, en revanche, des sociétés de caution mutuelle spécialisées ou captives, qui n'assurent que certains secteurs d'activité auprès d'une banque. Il en est ainsi des Socama qui garantissent exclusivement les dossiers d'artisans et de commerçants des Banques Populaires, et d'Interfimo qui intervient uniquement sur les dossiers de professions libérales et professions médicales de LCL.

4.2. Bpifrance

En tant que banque publique, Bpifrance dispose de moyens d'action et d'une politique de risque qui tranchent par rapport aux sociétés de caution mutuelle privées. Le taux d'acceptation des dossiers est voisin de 80 %, et l'État fixe clairement une mission de soutien de l'économie et de l'emploi à cet organisme qui gère la garantie publique.

Sa garantie est recherchée par les banques tant pour la solvabilité de sa signature que pour l'expertise de son analyse, des modèles experts ayant été mis au point sur le plan de l'analyse financière des dossiers de reprise. Le repreneur a également intérêt à recourir à Bpifrance à plusieurs titres :

- aucune commission n'est à verser au titre des fonds de garantie, l'État se chargeant de doter annuellement les fonds de garantie ;
- l'intervention de Bpifrance en garantie limite automatiquement la portée des cautions dans les cas où elles sont demandées, à 50 % du capital restant dû ;
- la résidence principale de l'emprunteur est protégée car aucune hypothèque ne peut être inscrite au titre du crédit garanti, et la mise en jeu de la caution ne peut pas s'appuyer sur la résidence principale.

Bpifrance intervient dans la plupart des secteurs d'activité en matière de reprise d'entreprise, à l'exception de la promotion immobilière et de l'agriculture. La taille des entreprises bénéficiaires est très large, puisque sont concernées les TPE (commerçants, artisans, professions libérales) et les PME.

Les critères d'acceptation des dossiers en matière de transmission sont pour 50 % le profil du repreneur et la cohérence de son projet, les 50 % restants étant liés aux aspects financiers du projet : montant des apports, valorisation de la cible, taux de distribution par rapport à la rentabilité passée retraitée, niveau d'endettement par rapport à la CAF.

☛ *Cf. www.bpifrance.fr : coordonnées des délégations régionales.*

5. Les garanties souhaitables

5.1. L'assurance décès, invalidité et incapacité au profit des banques

L'accord de crédit en matière de transmission dépend pour une large part du profil du repreneur. Son décès ou son absence prolongée, du fait d'une invalidité ou d'une incapacité, ne peut que fragiliser l'entreprise, lourdement endettée du fait du rachat. Il est donc très important de bien assurer le ou les repreneur(s) sur le décès, l'invalidité et l'incapacité de manière temporaire et définitive. Les bonnes assurances ont un coût et la tentation est grande, notamment lorsque le repreneur est âgé, de réduire leur étendue (couverture partielle, garanties limitées, durée courte). Cette option est inappropriée à plusieurs titres :

- Les assurances prévues aux contrats et demandées par les banques sont déductibles du résultat d'exploitation. L'emprunteur faisant l'économie de l'impôt sur la cotisation payée, le coût net est donc à relativiser.
- En cas de décès, l'entreprise verra sa dette automatiquement remboursée et sera dès lors plus à même de faire face aux difficultés consécutives à l'absence de manager, pendant une période plus ou moins longue. Assurer le repreneur revient donc à sécuriser l'entreprise et à préserver l'emploi des salariés.
- Les crédits étant remboursés, la valeur de l'entreprise s'en trouve augmentée. Les héritiers de l'assuré sont donc en meilleure position pour vendre celle-ci et confortent par là même leur patrimoine, au lieu d'assurer les charges de remboursement du crédit souscrit par le défunt.
- En cas d'invalidité ou d'incapacité prolongée, l'assurance prend le relais pour rembourser le crédit. Elle allège ainsi ses coûts d'exploitation en lui permettant de faire face dans de meilleures conditions à l'absence momentanée ou durable de son dirigeant.

Reprendre une entreprise

Lorsque le conjoint du repreneur dispose d'un bon salaire, qui permet de faire face avec les revenus du repreneur aux charges de famille du couple, il est recommandé de lui faire souscrire également une assurance partielle ou totale couvrant les crédits de reprise. En cas de décès du conjoint, le repreneur pourra ainsi compenser la perte de revenus du foyer par une augmentation de sa propre rémunération sans fragiliser l'entreprise, une partie des crédits étant remboursée.

> **CONSEIL D'EXPERT**
>
> Sur le plan fiscal et patrimonial, le montage suivant peut être proposé aux banques afin de réaliser une économie d'impôt au niveau de l'entreprise et des héritiers de l'emprunteur.
>
> L'assurance est souscrite au bénéfice des héritiers (en règle générale le conjoint survivant) en lieu et place des banques. Ceux-ci s'engagent, par écrit et par caution jointe, à rembourser les banques des crédits consentis en cas de décès de l'emprunteur. Le remboursement est réalisé par le biais d'un apport en compte courant correspondant au montant de l'assurance.
>
> On échappe ainsi à l'IS sur le montant de l'indemnité d'assurance qui serait perçu par l'entreprise et aux droits de succession qui seraient payés par les héritiers, à hauteur du surcroît de valeur de l'entreprise, du fait de l'augmentation de ses fonds propres. L'assurance étant perçue nette d'impôt, l'entreprise peut assurer le remboursement de ses crédits plus facilement, sans puiser dans sa trésorerie.

5.2. L'assurance homme clé au profit de l'entreprise

En complément, parfois en substitution de l'assurance décès invalidité souscrite au profit des banques, le repreneur peut couvrir son décès ainsi que celui des autres personnes clés de l'entreprise en désignant comme bénéficiaire l'entreprise elle-même. Cette assurance est déductible fiscalement et vient conforter la situation financière de l'entreprise en cas de disparition de l'un ou l'autre de ses dirigeants. Elle permet d'assurer dans de bonnes conditions le remplacement du défunt et de réaliser une nouvelle transmission en douceur si besoin.

☛ *En guise de synthèse*, *une grille d'analyse est fournie en annexe 1.*

Partie 4

Cas pratiques

Les cas de reprise qui sont présentés ci-après ainsi que sur le site Internet de cet ouvrage, sont tous inspirés de cas réels.

Pour des questions de confidentialité, les chiffres originaux ont été modifiés, en gardant toutefois les mêmes proportions. Les noms des entreprises et des personnes ont été rendus anonymes.

Le cas LAMBDA constitue un exemple d'application des méthodes présentées dans cet ouvrage concernant la valorisation de la cible, le montage juridique, fiscal et financier.

Ensuite, une quinzaine de cas pratiques permet d'illustrer six types de transmission :

- la reprise par une personne physique extérieure à l'entreprise ;
- la reprise par une personne physique avec sortie de l'immobilier ;
- la reprise par un membre de la famille ;
- la reprise par un salarié ;
- la reprise par une autre entreprise ;
- la vente à soi-même.

La présentation de chaque dossier reprend les points suivants :

- la présentation du repreneur ;
- la présentation de l'entreprise reprise ;
- la présentation du cédant ;
- l'origine du dossier ;
- le prix de cession ;
- le montage juridique et financier ;
- le plan de financement de l'opération ;
- l'accompagnement et les garanties données par le cédant ;
- l'évolution du dossier ;
- l'analyse et les commentaires de l'expert ;
- les commentaires et les recommandations du repreneur.

Chaque cas est particulier mais nous avons cependant jugé utile de terminer ce guide pratique par une série d'exemples. Ils matérialisent qu'il est possible de reprendre une entreprise, même avec peu de moyens financiers, si l'on est persévérant, imaginatif, « séducteur » et que l'on sait s'entourer.

Le mot de la fin pour chaque dossier est laissé au repreneur, qui nous fait partager son expérience au travers de ses recommandations.

10

APPLICATION AU CAS LAMBDA

1. Contexte de l'opération

1.1. Le repreneur : M. R

M. R est âgé de 45 ans. Marié, il a trois enfants.

M. R, après une formation d'ingénieur et un troisième cycle en gestion, a effectué toute sa carrière dans des fonctions de direction commerciale, au sein de grands groupes industriels.

Motivations

La volonté d'indépendance.

La mobilité géographique faisant partie intégrante de son contrat de travail, M. R, ne souhaitant plus déménager afin de préserver sa famille, a décidé de racheter une entreprise sur son lieu de résidence actuel.

1.2. La cible : la société anonyme Lambda

Métier

Négoce de produits techniques à destination de l'industrie.

Développement et sous-traitance de sa propre gamme de produits.

Historique et organisation juridique

L'entreprise existe depuis près d'un siècle et a fait l'objet de plusieurs transmissions familiales. Les dirigeants actuels (M. et Mme X) ont repris la société il y a près de vingt ans.

L'entreprise est une SARL détenue à 50/50 par le couple de cédants.

Moyens techniques et humains

L'entreprise possède un parc machines en bon état.

Sur le plan humain, sept personnes travaillent dans l'entreprise. M. X s'occupe de la partie technique et Mme X des fonctions administratives et commerciales.

Au niveau commercial, l'entreprise possède un contrat de distribution exclusif sur un territoire donné. Ce contrat est *intuitu personae*.

L'entreprise repose donc essentiellement sur le couple de cédants.

Éléments financiers

Un chiffre d'affaires qui progresse fortement chaque année, aux alentours de 1 000 K€ pour l'année en cours au moment des négociations.

Les principales grandeurs caractéristiques des soldes intermédiaires de gestion sont les suivantes :

En K€	N	%	N-1	%	N-2	%	N-3	%
	Prévu		Réalisé		Réalisé		Réalisé	
Ventes + production	985	100 %	910	100 %	765	100 %	650	100 %
Valeur ajoutée	365	37 %	325	36 %	275	36 %	225	35 %
Excédent brut d'exploitation	160	16 %	145	16 %	105	14 %	55	8 %
Résultat d'exploitation	155	16 %	140	15 %	100	13 %	45	7 %
Résultat courant avant impôt	150	15 %	135	15 %	95	12 %	40	6 %
Résultat net	110	11 %	95	10 %	70	9 %	35	5 %
CAF	105	11 %	100	11 %	75	10 %	38	6 %

Sur le plan de la structure financière, la société Lambda se présente comme suit au 31 décembre de l'année N-1 :

Actif	K€	Passif	K€
Actif immobilisé net	45	Fonds propres	200
Stocks	155	Comptes courants associés	85
Créances d'exploitation	295	Dettes à long et à moyen terme	0
Trésorerie active	25	Dettes d'exploitation	235
Total bilan	520	Total bilan	520

Soit une structure financière saine globalement, un niveau de fonds propres représentant 38 % du total du bilan de la société d'exploitation et un endettement bancaire moyen et long terme nul.

Le besoin en fonds de roulement d'exploitation est important (215 K€), mais cohérent avec la nature de l'activité et la structure financière de l'entreprise. La trésorerie de l'entreprise est légèrement positive. Toutefois, un compte courant d'associé d'un montant de 85 K€ devra être remboursé aux cédants préalablement à la cession.

1.3. Les motivations des cédants

Départ à la retraite.

1.4. L'approche de la cible

En mars N, M. R est mis en relation par un professionnel de la transmission avec les dirigeants de la société Lambda.

La valeur estimée par les cédants et leurs conseils n'est pas connue.

Le repreneur dispose de 250 K€ d'apport financier personnel.

2. Valorisation de la société Lambda

2.1. Hypothèses de travail

Compte tenu de la croissance de l'activité de la société Lambda, il a été fait le choix de prendre en compte les années N-2, N-1 et N afin de réaliser l'approche de valeur.

Bien que l'exercice N ne fût pas encore clos au moment de la valorisation, une situation intermédiaire à six mois réalisée par les cédants permettait de valider les hypothèses de chiffre d'affaires et de résultat présentés ci avant.

Afin de prendre en compte la tendance haussière du chiffre d'affaires et de la rentabilité sur les trois exercices étudiés, des coefficients de pondération ont été utilisés de la façon suivante :

- N : coefficient de pondération de 3.
- N-1 : coefficient de pondération de 2.
- N-2 : coefficient de pondération de 1.

Le repreneur souhaitant reprendre la société à la fin de l'année N, il était nécessaire d'intégrer dans l'approche de valeur le résultat net de l'année en cours. La valorisation présentée ci-après est donc réalisée à la date de reprise envisagée (fin d'exercice N).

Par ailleurs, les cédants ont procédé à une distribution de dividendes d'un montant de 30 K€ en N sur le résultat N-1.

2.2. Coefficients et multiples retenus pour la valorisation

Compte tenu de son activité de négoce, de la dépendance vis-à-vis de son fournisseur principal et vis-à-vis des cédants, les coefficients multiplicateurs retenus ont été les suivants :

Méthode patrimoniale (mini : 2 ; maxi : 4)

Coefficient de valorisation du fonds de commerce : trois fois le résultat net.

Méthode de la valeur de rendement (mini : 6 ; maxi : 8)
Coefficient : 6.

Méthode de l'EBIT (mini : 4 ; maxi : 6)
Valorisation des résultats d'exploitation selon un coefficient de 4,5.

Méthode du superprofit (mini : 10 % ; maxi : 20 %)
Taux de rendement des capitaux propres attendu de 12,5 % compte tenu du secteur d'activité qui présente un risque limité.

Méthode empirique
Durée d'emprunt : sept ans.

Taux de distribution : 80 % (compte tenu de l'activité de négoce).

Taux d'emprunt : 5 %.

Apport théorique du repreneur : deux années de résultat net.

2.3. Détermination de la capacité bénéficiaire normative de la société Lambda

Résultat net moyen pondéré

K€	N	N-1	N-2
Résultat net	110	95	70
Coefficient de pondération	3	2	1
Résultat net moyen pondéré	98		

Résultat d'exploitation moyen pondéré

K€	N	N-1	N-2
Résultat d'exploitation	155	140	100
Coefficient de pondération	3	2	1
Résultat d'exploitation moyen pondéré	141		

2.4. Détermination de la trésorerie nette à fin N

Trésorerie active fin N-1	+ 25 K€
Comptes courants d'associés	– 85 K€
Trésorerie nette fin N-1	– 60 K€
CAF de l'année N	+ 105 K€
Distribution de dividendes sur résultat N-1	– 30 K€
Hypothèse d'augmentation du BFR sur N	– 55 K€
Trésorerie nette estimée fin N	– 40 K€

Le niveau de trésorerie estimé à fin N ressort à – 40 K€ du fait de la nécessité de rembourser les comptes courants d'associés aux cédants.

La trésorerie ne peut donc pas être utilisée pour financer une partie de l'acquisition. Celle-ci doit plutôt faire l'objet d'un renforcement par le repreneur afin de démarrer son activité avec une certaine marge de manœuvre. Ainsi, une partie du financement devra être affectée au renforcement de la trésorerie de la société Lambda.

2.5. Valorisation de la société Lambda au 31/12/N

Valeur de rendement

Résultat net moyen des 3 derniers exercices	98
Coefficient multiplicateur retenu	6
Valeur de base (1)	**590**

Trésorerie nette fin N (2)	– 40

Valeur retenue : (1) + (2)	**550**

Application au cas Lambda

Valeur patrimoniale

	N	N-1	N-2
Actif net comptable N-1		200	
Distribution dividendes	–	30	
Valeur fonds de commerce actif	–	30	
Actif net comptable – fonds de commerce		140	
Résultat net N	110		
Actif net comptable fin d'exercice N (1)	250		

	N	N-1	N-2
Résultat net retraité	110	95	70
Coefficient de pondération	3	2	1
Résultat net moyen des 3 derniers exercices	98		
3 fois le résultat net moyen retraité = fonds de commerce (2)	295		

Valeur retenue : (1) + (2)	545

Valeur EBIT

	N	N-1	N-2
Résultat d'exploitation retraité	155	140	100
Coefficient de pondération	3	2	1
Résultat d'exploitation moyen pondéré	141		
Coefficient multiplicateur retenu	4,5		
Valeur de base (1) +	634		
Endettement bancaire à moyen et à long terme (2) –	0		
Crédits baux matériels (3) –	14		
Trésorerie nette fin N (4) –	40		

Valeur retenue : (1) + (2) + (3) + (4)	580

Goodwill

Actif net comptable N-1 hors valeur de fonds de commerce	140
Rendement minimum attendu	17
Résultat net moyen retraité	98
Différence de rendement	81
Coefficient multiplicateur retenu	4
Goodwill (sur profit) ou *Badwill* (sous-profit) (1)	324

Actif net comptable N (2)	250

Valeur retenue : (1) + (2)	574

Empirique

Résultat net moyen (moyenne simple)	92
Distribution maximum possible (80 %)	73,3

Taux d'emprunt	5,0 %
Durée d'emprunt (années)	7

Capital empruntable (1)	424
Apport (1 à 2 années de résultat net) (2)	183
Trésorerie déficitaire à financer (3)	– 40

Valeur retenue : (1) + (2) + (3)	567

Toutes méthodes confondues, la valeur de Lambda se situe dans une fourchette comprise entre 545 et 580 K€.

La moyenne de ces cinq méthodes valorise la société à **563 K€**, soit une valorisation légèrement inférieure au prix négocié avec les cédants, qui était de 600 K€ comprenant :

- un prix de base de 500 K€ sur la base des fonds propres N-1 (170 K€ après distribution de dividendes) ;
- un complément de prix correspondant au résultat de l'année en cours plafonné à 100 K€.

3. Modalités de la reprise

Les principales modalités de l'opération de reprise négociées entre les parties étaient les suivantes :

- accompagnement rémunéré des cédants pendant quatre mois (2 mois à temps plein, 2 mois à mi-temps) ;
- clause de non-concurrence et de non-débauchage ;
- garantie d'actif et de passif plafonnée à 70 % du prix de cession ;
- garantie de la garantie sous forme de caution bancaire simple donnée pendant trois ans à hauteur de 20 % du prix la première année, 15 % la deuxième année et 10 % la troisième année ;
- transformation préalable de la société en SAS afin de limiter les droits d'enregistrement.

4. Le montage juridique et fiscal

- Création préalable d'une société holding sous forme de SARL détenue à 100 % par le repreneur qui y apporte 280 K€ dont 100 K€ en comptes courants bloqués.
- Reprise de 100 % des titres de la société Lambda pour 500 K€ payables au jour de la reprise.
- Remboursement des comptes courants d'associés aux cédants pour un montant de 85 K€.
- Souscription d'un emprunt de 450 K€ sur sept ans et cinq mois.

- Paiement trois mois après la reprise du complément de prix égal au résultat net constaté au 31/12/N, plafonné à 100 K€.
- Mise en place de l'intégration fiscale à partir du 01/01/N+1.

Le repreneur a logé son activité de direction au sein du holding afin de bénéficier du statut de TNS et profiter de la réduction d'impôt au titre de l'investissement au capital de PME.

Le holding refacture à la société Lambda une prestation de service correspondante avec marge lui permettant de déduire fiscalement les intérêts de l'emprunt de reprise.

5. Le montage financier

- Apports de 280 K€ dont 100 K€ en compte courant.
- Souscription d'un emprunt de 450 K€ sur sept ans et cinq mois plus un différé de quatre mois.
- Paiement des titres pour un montant de 500 K€.
- Paiement des frais de reprise pour un montant de 40 K€ HT.
- Remboursement des comptes courants d'associés à hauteur de 85 K€. Pour ce faire, le holding de reprise a réalisé un apport en comptes courants de même montant dans les livres de la société Lambda.
- Paiement du complément de prix pour un montant de 100 K€.

Le plan de financement de la société holding s'établit donc ainsi :

Ressources	
Apports en numéraire en capital	180
Apports en nature (titres)	–
Apports en compte courant	100
Emprunts bancaires	450
Dividende exceptionnel	–
Total	730

Application au cas Lambda

Emplois	
Acquisitions titres	500
Paiement complément de prix	100
Frais associés au montage	40
Remboursement CCA cible	85
Total	725
Écart	5

L'emprunt de 450 K€ a été souscrit auprès :
- de deux établissements bancaires à hauteur de 350 K€ ;
- d'Oséo (Bpifrance) à hauteur de 100 K€ sous la forme d'un contrat de développement transmission comprenant un différé de remboursement en capital pendant deux ans.

Les garanties associées aux crédits bancaires étaient les suivantes :
- nantissement des titres de la cible ;
- contre-garantie Oséo (Bpifrance) à hauteur de 30 % ;
- assurance décès, invalidité, incapacité sur les crédits.

11

LA REPRISE PAR UNE PERSONNE PHYSIQUE EXTÉRIEURE À L'ENTREPRISE

La reprise de titres d'une affaire saine : le cas « Rebond »

Exemple d'une reprise réussie avec effet de levier important et une absence à l'origine de liquidité personnelle du repreneur. Intervention de business angels

1. Présentation du repreneur

Monsieur « REBOND » a cinquante ans. Il est marié et a quatre enfants. Il est de formation « école de commerce » et a eu un parcours professionnel dans la grande distribution, à des postes de manager et gestionnaire.

Il a quitté son dernier poste de salarié, il y a cinq ans pour créer une affaire. Expérience qui s'est soldée par une cessation d'activité quatre ans plus tard. Sa situation financière personnelle s'en est trouvée fortement dégradée. Après une année de recherche d'emploi sans succès, il se met en quête d'une reprise d'entreprise.

Ses handicaps majeurs sont :
- une absence d'apport personnel ;
- des doutes personnels par rapport à sa dernière expérience de chef d'entreprise.

Ses points forts sont :
- une obligation de réussite ;
- une envie de revanche ;
- une expérience précédente difficile qui l'a mûri sur les plans entrepreneurial et personnel.

2. Présentation de l'entreprise reprise

Activité : négoce et réparation automobile, agent d'une grande marque.
Localisation : zone rurale.
Affaire familiale de vingt salariés créée en 1975.
Principaux chiffres en milliers d'euros :

Compte de résultat des trois derniers exercices

	N	N-1	N-2
Chiffre d'affaires	5 720	5 680	5 810
Résultat d'exploitation	81,5	75,2	86,3
Résultat courant	78,1	72,4	84,7
Résultat net	51,2	46,9	56,4
Capacité d'autofinancement	59,7	57,1	68,2

Bilan de l'année N

Actif		Passif	
Immobilisations	89	Fonds propres	710
Créances d'exploitation	724	Dettes à moyen terme bancaires	0
Disponibilités	268	Dettes d'exploitation	371
Total	1 081	Total	1 081

3. Présentation du cédant

62 ans, de formation « mécanicien », travaillant avec son épouse.

Créateur de l'entreprise qui porte son nom.

Propriétaire du fonds de commerce donné en location-gérance à la société d'exploitation.

Propriétaire des locaux de l'entreprise *via* une SCI familiale.

Volonté de prendre sa retraite, en assurant la pérennité de son entreprise et des emplois de ses collaborateurs.

4. Origine du dossier

Cabinet de transmission.

5. Prix de cession

100 % des titres de la société d'exploitation	465 000 euros
Fonds de commerce	75 000 euros

Pas de reprise de l'immobilier.

6. Montage juridique et financier

6.1. Première étape : constitution d'une capacité d'apport personnel

Compte tenu de l'absence d'apport personnel, le repreneur a tout d'abord cherché des ressources auprès d'anciennes relations professionnelles (*business angels*).

Deux investisseurs (A et B) qui souhaitaient être associés à son projet de reprise lui ont donc, tout d'abord, consenti un prêt personnel de 15 000 euros chacun sur cinq ans.

6.2. Deuxième étape : création du holding de reprise

SA au capital de 40 000 euros réparti comme suit :

Monsieur « REBOND »	75 % correspondant aux prêts des investisseurs A et B
Investisseur A	12,5 %
Investisseur B	12,5 %

Apport en compte courant d'associés de 20 000 euros chacun par A et B.

Soit un total de ressources en fonds propres de 80 000 euros.

6.3. Troisième étape : levée du financement bancaire

Le holding pour le rachat de 100 % des titres de la société cible a emprunté 400 000 euros auprès de deux banques sur sept ans.

Garanties : nantissement des titres de la société cible, garantie Oséo (Bpifrance) à 50 %, caution personnelle du dirigeant à 50 %, assurance décès invalidité sur sa tête au profit des prêteurs.

La société d'exploitation s'est endettée de 75 000 euros sur cinq ans pour acquérir le fonds de commerce auprès du cédant.

Le solde des ressources du holding, soit 15 000 euros, a permis de financer les frais de conseils et de droits d'enregistrement liés à l'opération de reprise.

7. Accompagnement et garanties du cédant

Gratuit.

Trois mois à temps plein.

Trois mois à la discrétion du repreneur limité à un mi-temps.

Garantie d'actif et de passif sur les titres plafonnée au montant de la cession.

Clause de non-concurrence et de non-débauchage.

La reprise par une personne physique extérieure à l'entreprise

8. Évolution après dix-huit mois

Sur le plan humain, la transmission s'est très bien opérée avec le cédant et ses collaborateurs. Aucun départ n'est à signaler. Les relations sont excellentes. Le cédant fait toujours de la prescription active auprès de son entourage pour son ancienne entreprise.

Le chiffre d'affaires est stable, mais la rentabilité et la trésorerie de l'entreprise se sont nettement améliorées.

La rentabilité nette a été multipliée par trois sur l'exercice N+1 (150,5 K€) par rapport aux chiffres de l'année de cession (51,7 K€).

La trésorerie a été multipliée par deux passant à 541 K€ en N+1 par rapport à 268 K€ lors de la cession.

9. Analyse et commentaires de l'expert

Il s'agit là d'un dossier tout à fait exceptionnel...

Prix de cession très raisonnable, inférieur au montant des fonds propres.

Effet de levier important à l'origine, adossé à un prêt personnel pour constituer l'apport.

Repreneur qui n'est pas du métier à l'origine mais qui réussit très bien dans cette activité.

Excellentes relations maintenues dans la durée entre le cédant et le repreneur.

Conjoncture favorable sur le plan du secteur d'activité et de la marque représentée.

Le repreneur est parvenu à REBONDIR en réalisant une performance économique et financière tout à fait remarquable. La trésorerie de la société d'exploitation ainsi que ses fonds propres sont supérieurs aux dettes financières cumulées (cible + holding).

10. Commentaires et recommandations du repreneur

Il faut rechercher une entreprise riche et qui fonctionne très bien.

Le prix de cession est accessoire.

On trouvera toujours à financer l'acquisition d'une entreprise qui a de la trésorerie, une capacité bénéficiaire récurrente et une bonne notoriété. Une entreprise malade, peu chère en apparence, coûtera toujours trop au final, en regard des difficultés qu'elle générera au repreneur.

La période d'accompagnement du cédant doit être très courte, celui-ci restant à la disposition du repreneur en cas de besoin. Cette distance entre les hommes facilite le respect mutuel et la prise en main de l'entreprise par le repreneur, qui doit très vite s'imposer en interne comme en externe.

12

LE RACHAT D'UN FONDS DE COMMERCE D'UNE ENTREPRISE EN DIFFICULTÉ PAR LES SALARIÉS DE L'ENTREPRISE ET UN REPRENEUR EXTÉRIEUR

Le cas JYVAI

Exemple d'une reprise avec effet de levier raisonnable et un apport limité du repreneur. Intervention de business angels et de salariés de la cible au capital de la société de reprise

1. Présentation du repreneur

Monsieur « JYVAI » a quarante-cinq ans. Il est marié et a trois enfants. Il est de formation universitaire en gestion et a eu un parcours professionnel dans les services, à des postes de manager et de commercial.

Depuis dix ans dans la même entreprise, il aspire au changement et à davantage d'autonomie.

L'expérience réussie d'un certain nombre d'amis et de clients dans la reprise d'entreprise lui a donné l'envie de tenter l'aventure à son tour.

Très entouré sur le plan professionnel et amical, dans une région qu'il connaît parfaitement, il se met à la recherche d'une entreprise, en parallèle de son activité de salarié.

Ses handicaps majeurs sont :

- un apport personnel limité (40 000 euros) ;
- l'absence de connaissance d'un métier précis ;
- une expérience de management limitée à de petites équipes (< à 5 personnes).

Ses points forts sont :

- un réseau personnel étoffé ;
- des qualités relationnelles et commerciales ;
- une autonomie et une disponibilité pour rechercher l'entreprise cible ;
- des expériences professionnelles précédentes réussies.

2. Présentation de l'entreprise reprise

Activité : prestation de services informatiques.

Localisation : multi-sites (5 implantations) en zone urbaine.

Affaire de soixante salariés créée en 1986, en redressement judiciaire.

Principaux chiffres en milliers d'euros :

Compte de résultat des trois derniers exercices
avant redressement judiciaire

	N	N-1	N-2
Chiffre d'affaires	3 421	2 972	2 286
Résultat d'exploitation	– 132,6	– 15,2	31,4
Résultat courant	– 242,7	– 95,4	– 61,6
Résultat net	– 234,1	– 101,4	– 42,5

Bilan de l'année N

Actif		Passif	
Immobilisations	175	Fonds propres	− 451
Créances d'exploitation	655	Dettes à moyen terme bancaires	687
Disponibilités	0	Dettes d'exploitation	594
Total	830	Total	830

Durant les six premiers mois de la période d'observation, le chiffre d'affaires s'est maintenu et la rentabilité d'exploitation a été restaurée (+ 129 K€), du fait de la fermeture de deux sites déficitaires et de la réduction sensible des frais généraux.

3. Présentation du cédant

Quarante-deux ans, de formation universitaire.

Créateur de l'entreprise, il a embauché tous les salariés de l'entreprise.

Fort tempérament de développeur.

Grande capacité pédagogique et créative.

Absence de compétence et de goût pour la gestion et la finance.

Recherche un appui sur ce plan et un renforcement de ses moyens financiers pour poursuivre son activité.

4. Origine du dossier

Administrateur judiciaire.

5. Prix de cession

Du fonds de commerce	200 000 euros
Des matériels	110 000 euros

Pas de reprise des titres de la société compte tenu de l'importance du passif.

6. Montage juridique et financier

6.1. Première étape : constitution d'un premier holding familial (H 1)

Création d'une société civile au capital de 75 000 euros, réparti 2/3 pour le repreneur et 1/3 pour des membres de la famille proche.

6.2. Deuxième étape : création d'un deuxième holding de reprise (H 2), avec levée de fonds auprès d'investisseurs privés proches *business angels*

Création d'une SARL au capital de 125 000 euros, réparti à 60 % pour la société civile du repreneur et 40 % pour les investisseurs privés au nombre de cinq.

Apport en compte courant d'associés de 10 000 euros chacun par chaque investisseur privé.

Soit un total de ressources en fonds propres de 175 000 euros se répartissant comme suit :

CAPITAL	125 000 euros
• société civile du repreneur • investisseurs privés	75 000 euros 50 000 euros
COMPTE COURANT	50 000 euros
• investisseurs privés	50 000 euros

6.3. Troisième étape : création d'une société anonyme de reprise du fonds de commerce (H 3), ouverte aux salariés de l'entreprise cible

Constitution de la société au capital de 260 000 euros, détenue à 67 % par le holding H 2 (majorité en assemblée générale ordinaire et extraordinaire).

Ouverture du capital à dix salariés, cadres et non cadres, qui investissent globalement 85 000 euros. Pas d'apport en compte courant complémentaire.

6.4. Quatrième étape : levée d'un financement bancaire complémentaire

Emprunt de 260 000 euros répartis sur trois banques, d'une durée de cinq ans.

Garanties : nantissement du fonds de commerce et des matériels acquis, caution personnelle du dirigeant à hauteur d'un tiers, assurance décès invalidité sur sa tête au profit des prêteurs.

7. Plan de financement de l'opération de reprise

RESSOURCES DE H 3	520 000 euros
• apport en capital de H 2	175 000 euros
• apport en capital des salariés	85 000 euros
• emprunt moyen terme	260 000 euros
EMPLOIS DE H 3	520 000 euros
• acquisition du fonds de commerce	200 000 euros
• acquisition de matériels	110 000 euros
• frais liés à l'opération	10 000 euros
• fonds de roulement disponible	200 000 euros

8. Accompagnement du cédant

Le cédant est resté salarié de l'entreprise à un poste de directeur commercial.

9. Évolution après dix-huit mois

Sur le plan humain, la transmission s'est très mal passée. Le cédant étant resté dans l'entreprise à un poste clé, le repreneur n'est pas parvenu à s'imposer vis-à-vis des principaux collaborateurs. N'étant pas du métier, il a dépendu du savoir-faire et des relations commerciales de l'ancien dirigeant.

Un an après la reprise, les pertes de la nouvelle entreprise, de l'ordre de 450 000 euros, ont contraint le repreneur à un nouveau plan de restructuration. Dans ce cadre, l'ancien dirigeant est parti avec ses principaux collaborateurs pour créer une entreprise concurrente.

Six mois plus tard, les pertes s'accumulant avec la baisse du chiffre d'affaires, et ce, malgré les économies de frais généraux, le repreneur s'est placé sous la protection du tribunal de commerce. Celui-ci a prononcé un redressement judiciaire, suivi dans les quatre mois d'une nouvelle cession du fonds de commerce à un groupe spécialisé dans la formation.

10. Analyse et commentaires de l'expert

Malgré un prix de cession raisonnable (eu égard à la taille de l'entreprise et à ses très bons résultats pendant la période d'observation) et un montage financier peu tendu en termes d'endettement bancaire, la reprise de cette entreprise a échoué.

À cela quatre raisons principales :
- un repreneur qui n'est pas du métier et qui ne parvient pas à s'imposer ;
- un cédant qui reste dans l'entreprise, créant des tensions dans l'équipe de direction ;
- une difficulté naturelle à inverser une tendance, déjà mauvaise, avant le premier dépôt de bilan, les excellents résultats durant la période d'observation étant liés à un surinvestissement des collaborateurs pour sauver leur entreprise ;
- le départ de l'ancien dirigeant avec ses principaux collaborateurs pour créer une entreprise concurrente, accélérant les difficultés de la société et précipitant son dépôt de bilan.

11. Commentaires et recommandations du repreneur

L'addition des points faibles du dossier s'est transformée, au final, en une multiplication de difficultés insurmontables. Un seul des points faibles relevés précédemment doit amener le candidat repreneur à la plus grande prudence.

L'acquisition du savoir-faire et la prise en main de l'entreprise doivent s'opérer très rapidement, trois à six mois maximum, afin de pouvoir être autonome vis-à-vis du cédant. Son départ doit être programmé dès l'origine, et la période de recouvrement dans l'entreprise la plus courte possible.

Compte tenu de l'inexpérience du repreneur en matière de direction d'entreprise de cette importance, il aurait fallu faire une offre de reprise partielle en s'associant à un professionnel du secteur. Cela lui aurait évité d'être rapidement marginalisé par l'équipe en place, sans allié ni légitimité pour imposer les changements culturels et de méthodes de travail, à l'origine sans doute d'un redressement durable de l'entreprise.

13

LA REPRISE PAR UNE AUTRE ENTREPRISE (CROISSANCE EXTERNE)

Le cas EXPANSION

Exemple d'une reprise d'entreprise par une société plus petite du même secteur d'activité

1. Présentation du repreneur

Monsieur « EXPANSION » a quarante-cinq ans. Il est marié et a quatre enfants. Il est de formation ingénieur BTP, et a eu un parcours professionnel réussi dans différentes entreprises.

Il y a quinze ans, il a créé, avec un associé à 50/50, sa première entreprise dans le domaine de l'ingénierie du bâtiment.

Son associé partant à la retraite, il a racheté ses actions, par le biais d'un holding il y a quatre ans.

Tout se passe pour le mieux dans son entreprise et Monsieur « EXPANSION » souhaite passer du stade régional au stade national.

Il a l'opportunité de reprendre un concurrent important qui bénéficie d'une clientèle bien répartie sur le plan national, et qui réalise le métier de manière complémentaire à la sienne.

2. Motivations de l'opération

Augmenter le chiffre d'affaires pour peser davantage sur le marché.

Diversifier la gamme de services offerts à la clientèle.

Réaliser des économies d'échelle sur certains frais fixes.

Structurer le groupe sur le plan managérial.

Augmenter la valeur financière du groupe.

3. Présentation de l'entreprise existante « société A »

Localisation : métropole régionale.

Affaire de dix salariés créée en 1985.

Forme juridique : société anonyme.

Monsieur « EXPANSION » détient 100 % des actions *via* un holding personnel.

La société possède son fonds de commerce.

L'immobilier est loué à une SCI familiale.

Principaux chiffres en milliers d'euros :

Compte de résultat des trois derniers exercices

	N	N-1	N-2
Chiffre d'affaires	6 325	4 152	3 250
Résultat d'exploitation	398	231	205
Résultat courant	412	243	214
Résultat net	246	156	124
Capacité d'autofinancement	265	175	148

La reprise par une autre entreprise (croissance externe)

Bilan de l'année N

Actif		Passif	
Immobilisations	76	Fonds propres	652
Créances d'exploitation	1 432	Dettes à moyen terme bancaires	0
Disponibilités	996	Dettes d'exploitation	1 852
Total	2 504	Total	2 504

4. Présentation du holding existant « société H »

Forme juridique : SARL.

Monsieur « EXPANSION » détient 99,9 % des parts.

Source de revenus unique : dividendes de la société A.

Monsieur « EXPANSION » est salarié de la société A.

Il n'existe pas de prestations de services entre le holding et sa filiale.

Intégration fiscale entre le holding et la filiale.

Principaux chiffres en milliers d'euros :

Compte de résultat des trois derniers exercices

	N	N-1	N-2
Chiffre d'affaires	0	0	0
Résultat courant	121	117	112
Résultat net	75	73	71

Bilan de l'année N

Actif		Passif	
Immobilisations financières	230	Fonds propres	512
Comptes courants	356	Dettes à moyen terme bancaires	74
Total	586	Total	586

5. Présentation de l'entreprise reprise « société B »

Activité : ingénierie du bâtiment.

Localisation : ville de moyenne importance distante de 100 km de l'entreprise A.

Affaire de vingt-quatre salariés créée en 1975.

Forme juridique : société anonyme propriétaire de son fonds de commerce.

Répartition du capital : cédant 85 %, un associé (directeur général) 15 %.

Immobilier appartenant à une SCI détenue à 75 % par la société B et 25 % par le cédant.

Principaux chiffres en milliers d'euros :

Compte de résultat des trois derniers exercices

	N	N-1	N-2
Chiffre d'affaires	6 981	5 432	6 237
Résultat d'exploitation	735	432	528
Résultat courant	699	403	514
Résultat net	441	254	325
Capacité d'autofinancement	492	297	361

Bilan de l'année N

Actif		Passif	
Immobilisations	234	Fonds propres	673
Créances d'exploitation	855	Dettes à moyen terme bancaires	85
Disponibilités	923	Dettes d'exploitation	1 254
Total	2 012	Total	2 012

La reprise par une autre entreprise (croissance externe)

6. Principaux chiffres caractéristiques de la SCI filiale

Compte de résultat des trois derniers exercices

	N	N-1	N-2
Chiffre d'affaires	36,5	36,4	36,3
Résultat net	2,1	2	2

Bilan de l'année N

Actif		Passif	
Immobilisations financières	156	Fonds propres	76
Créances d'exploitation	5	Dettes à moyen terme bancaires	85
Total	161	Total	161

7. Présentation du cédant

60 ans, ingénieur BTP, créateur de l'entreprise.

Volonté de prendre sa retraite, en assurant la pérennité de son entreprise.

8. Origine du dossier

Cabinet de transmission.

9. Prix de cession

100 % des titres de la société B = 2 200 000 euros.

Le directeur général, cinquante ans, a vendu ses titres (15 %) en restant salarié de l'entreprise.

10. Montage juridique et financier

10.1. Première étape : préalablement à la vente, acquisition par la société B des 25 % de titres de la SCI détenus par le cédant

Prix : 25 000 euros.

Autofinancés à 100 % par prélèvement sur la trésorerie de l'entreprise.

10.2. Deuxième étape : remontée de trésorerie sur la société holding du repreneur, afin de lui permettre de réaliser l'opération

Remboursement des comptes courants prêtés à la société A par le holding, à hauteur de 250 000 euros.

Distribution de dividende exceptionnelle de la société A, à hauteur de 150 000 euros, pour renforcer la capacité d'apport du holding.

10.3. Troisième étape : acquisition des actions de la société B, par la société H

10.3.1. Mode de financement

Autofinancement	400 000 euros
Distribution de dividende exceptionnelle de la société B	350 000 euros
Crédit bancaire réparti sur 3 banques sur 7 ans	1 500 000 euros

10.3.2. Garanties

Nantissement des actions + assurance décès invalidité sur la tête du repreneur déléguée aux banques.

La charge annuelle de remboursement du crédit de reprise représente :
- 50 % du résultat de la société B pour l'année N ;
- 30 % du résultat cumulé des sociétés A et B sur le dernier exercice.

Le solde des ressources, soit 50 000 euros, a permis de régler les frais de l'opération (conseils et droits d'enregistrement).

La reprise par une autre entreprise (croissance externe)

11. Accompagnement et garanties du cédant

Accompagnement d'un an avec un contrat de travail salarié.

Responsabilité essentiellement commerciale pour favoriser la transmission des contacts avec les principaux clients sur le plan national.

Garantie d'actif et de passif sur les titres plafonnée au prix de cession.

Garantie de la garantie sous forme d'une caution bancaire limitée au quart du prix de vente.

Clause de non-concurrence et de non-débauchage sur cinq ans.

12. Évolution du dossier

La transmission s'est parfaitement opérée entre le cédant et le repreneur.

Un an après, le carnet de commandes de l'entreprise est important et le résultat net du dernier exercice a été multiplié par deux.

Le directeur général qui avait vendu ses titres lors de la reprise par Monsieur EXPANSION est redevenu actionnaire de la société B, au bout de six mois, à hauteur de 5 %. Cette opération, qui était programmée dès l'origine, ne devait se réaliser que si le repreneur et le directeur général parvenaient à s'entendre sur le plan opérationnel.

Les excellents résultats de la société B en N+1 ont permis de compenser un exercice en net repli de la société A, sur le plan de l'activité et du résultat. Les absences fréquentes de Monsieur EXPANSION durant la première année de reprise ont fortement pesé sur l'organisation et la performance de la société A, peu structurée sur le plan des équipes.

13. Analyse et commentaires de l'expert

Compte tenu de la qualité intrinsèque des deux entreprises (fonds propres importants, trésorerie largement excédentaire, faible endettement à terme), cette reprise a pu se financer très facilement, sans caution personnelle ni garantie Oséo (Bpifrance).

Le montage juridique final est très simple. La société holding détient 100 % de la société A et 95 % de la société B. Cette dernière possède 100 % de la SCI portant ses actifs immobiliers.

À tout point de vue, cette opération a été bénéfique pour le repreneur. Elle lui a permis de constituer rapidement une référence sur le plan régional, avec une couverture nationale. Elle l'a contraint rapidement à renforcer ses équipes opérationnelles, ce qui l'a autorisé à prendre le recul nécessaire pour mieux diriger son groupe. Ayant dorénavant deux sociétés, il est moins dépendant des aléas économiques, humains et financiers de chaque entreprise.

Fort de cette première expérience, il envisage à moyen terme une autre acquisition dans son domaine d'activité.

14. Commentaires et recommandations du repreneur

14.1. Un an après

Il est très important de faire une bonne mise au point du dossier avant la signature : tout ce qui est vu, négocié et avalisé n'est alors plus à revoir et à discuter. Ce « tout » comprend non seulement les éléments du « *closing* » (les garanties, le protocole) mais aussi les modalités de fonctionnement du quotidien entre le cédant et le repreneur (les rémunérations, les défraiements, etc.). L'intérêt réside au niveau des échanges quotidiens, où le repreneur va pouvoir se concentrer et se focaliser sur la société sans être accaparé par les questions matérielles.

Il est également essentiel que les clauses de garantie soient bien définies. Par exemple, l'existence d'une clause de réduction de prix pour le cédant, si certains chiffres ne sont pas atteints dans un délai donné, doit être contrebalancée par l'existence d'une clause inverse, en cas de chiffres supérieurs aux prévisions.

Enfin, être entouré de bons conseillers éclairés se révèle aussi essentiel.

14.2. Sur le vécu quotidien

Il est difficile pour le cédant de se détacher du pouvoir quotidien et d'être relégué dans un rôle non décisionnel. Ainsi la durée de sa présence au sein de l'entreprise doit être la plus courte possible après le transfert (3 à 6 mois maximum).

Pour le repreneur, savoir « se hâter lentement » et ne pas aller trop vite au risque de trop bousculer les « us et coutumes » en place est une question d'expérience. En effet, le personnel, quelque peu déboussolé par le changement de direction, a besoin d'un peu de temps pour adopter de nouvelles façons de faire et d'être. C'est seulement après cette « adoption » que le repreneur peut initier des changements et engager des réformes.

À cet effet, une communication interne soutenue, régulière, pensée et organisée est nécessaire. Elle est une aide pour mieux faire passer les messages, les objectifs et comprendre la voie dans laquelle la nouvelle direction veut entraîner la société.

LA VENTE À SOI-MÊME (OBO)
Le cas MINEDORE

Exemple d'une vente à soi-même (OBO) avec transmission familiale et dégagement de liquidités pour le dirigeant

1. Présentation du contexte

Monsieur « BONSENS » a créé l'entreprise MINEDORE en 1989 sous forme de SARL. Âgés de cinquante-trois et cinquante et un ans, Monsieur et Madame BONSENS ont trois enfants à charge, dont deux poursuivent des études supérieures qui pèsent lourdement sur le budget familial (coût d'inscription dans des écoles privées, plus logement et frais de déplacement).

L'entreprise MINEDORE s'est bien développée au cours des dernières années. Elle est aujourd'hui très saine et constitue l'essentiel du patrimoine de Monsieur et Madame « BONSENS ». Comme beaucoup de chefs d'entreprise, la partie liquide de leur patrimoine est faible et les charges de famille auxquelles ils doivent faire face, ainsi que la volonté de diversifier et protéger leur patrimoine à l'approche de la retraite, les ont conduits assez naturellement vers une opération d'OBO.

Leur objectif est également de profiter de cette opération pour réaliser une opération de transmission de leur patrimoine à leurs enfants.

2. Présentation de l'entreprise

Activité : vente de matériel informatique et ingénierie technique dans ce domaine.

Localisation : au cœur d'une métropole régionale.

Clientèle publique et privée de grands comptes.

Quinze salariés sur une seule implantation.

Forme juridique : SARL.

Affaire familiale dont le capital est détenu en direct par Monsieur « BONSENS » à 100 %.

L'immobilier professionnel est détenu en direct par les dirigeants *via* une SCI familiale.

Principaux chiffres en milliers d'euros :

Compte de résultat des trois derniers exercices

	N	N-1	N-2
Chiffre d'affaires	6 249	5 876	5 554
Résultat d'exploitation	473	425	392
Résultat courant	469	399	377
Résultat net	354	302	275
Capacité d'autofinancement	427	392	353

Bilan de l'année N

Actif		Passif	
Immobilisations	1 024	Fonds propres	1 204
Créances d'exploitation	1 607	Dettes à moyen terme bancaires	316
Disponibilités	623	Dettes d'exploitation	1 730
Total	3 250	Total	3 250

La vente à soi-même (OBO)

3. Valeur de l'entreprise

Valorisation des titres de la société MINEDORE : 2 100 000 euros.

Soit un peu moins de six fois le résultat net moyen des trois derniers exercices et 1,7 fois les fonds propres de l'entreprise. Prix raisonnable en regard par ailleurs de la trésorerie disponible.

4. Montage juridique et financier

4.1. Première étape

Donation de titres de la société MINEDORE à son épouse et à ses enfants : 176 000 euros pour Madame « BONSENS » et 50 000 euros pour chacun des enfants. Soit, au total, une donation globale de 226 000 euros.

4.2. Deuxième étape

Transformation de la SARL MINEDORE en SAS afin de limiter les droits d'enregistrement sur l'acquisition des titres par le holding (0,1 % sur le prix d'acquisition).

4.3. Troisième étape

Création d'une société holding de reprise familiale sous forme de SARL avec option à l'impôt sur les sociétés.

Capital de 500 000 euros libéré intégralement par apport de titres de la société MINEDORE, réparti comme suit :

Monsieur BONSENS	55 %
Madame BONSENS	15 %
Enfants BONSENS	30 %

Cet apport de titres est réalisé en sursis d'imposition sur les plus-values, en contrepartie de l'engagement des actionnaires de conserver les titres du holding reçus en échange de leur apport en nature, pendant au moins trois ans.

Les droits d'enregistrement fixes sont de 500 euros sur l'opération d'apport.

La valeur d'apport des titres MINEDORE est certifiée par un commissaire aux comptes.

4.4. Quatrième étape

Acquisition du solde des titres de MINEDORE pour 1 600 000 euros + 30 000 euros de frais divers liés à l'opération.

Dividende exceptionnel versé par MINEDORE le jour de la reprise à hauteur de 430 000 euros.

Emprunt bancaire sur sept ans de 1 200 000 euros, réparti auprès de trois banques, à un taux fixe de 4,5 %, représentant une échéance annuelle de 203 641 euros, soit 52 % du résultat net moyen des trois derniers exercices de MINEDORE.

Garanties de l'emprunt :
- nantissement des titres de la société MINEDORE ;
- assurance décès invalidité sur la tête de Monsieur BONSENS au bénéfice des banques *via* ses ayants droit.

4.5. Synthèse

Plan de financement de l'opération :

Apport en nature des titres	500 000 euros
Emprunt moyen terme (3 banques) sur 7 ans	1 200 000 euros
Distribution de dividendes	430 000 euros
Total	2 130 000 euros

Soit un total de 930 000 € de fonds propres dans le holding après réalisation de l'opération, pour 1 200 000 € de dettes bancaires.

5. Cash dégagé par Monsieur BONSENS

Montant des titres cédés à titre onéreux au holding par Monsieur BONSENS égal à 1 600 000 euros, moins CSG et impôt sur le revenu sur la plus-value.

6. Évolution après dix-huit mois

L'opération n'a pas pesé sur l'entreprise. La dynamique de développement de la société reste la même, aucune modification n'étant intervenue au niveau du management de la société.

7. Analyse et commentaires de l'expert

C'est une opération classique d'OBO associant dégagement de cash pour le dirigeant et transmission du patrimoine à la famille à moindre coût fiscal.

Compte tenu du montage peu tendu de l'opération et de la répartition des crédits entre plusieurs établissements financiers, les banques n'ont pas exigé de caution personnelle. L'opération permet ainsi au dirigeant de « mettre à l'abri », sans risque, le produit net de la cession. Le montant a été investi pour une part significative en assurance-vie multisupport au bénéfice de ses ayants droit, de façon à optimiser les aspects fiscaux de la succession en cas de décès.

☞ *Cf. site Internet : autres cas pratiques.*

ANNEXES

1. Synthèse grille d'analyse 237
2. Documents et informations à obtenir en vue
   d'une reprise d'entreprise 249
3. Barème indicatif d'évaluation rapide de fonds
   de commerce 253
4. Modèle indicatif de lettre d'intention 259
5. Modèle indicatif de dossier financier pour une reprise
   d'entreprise par une personne physique 261

Annexe I : Synthèse grille d'analyse

Le questionnaire ci-dessous permet d'apprécier la qualité du projet et ses chances de succès. Répondez-y en cochant les réponses qui correspondent à votre projet.

À chaque question correspond une réponse du type A, B ou C dont la signification est la suivante :

A = Satisfaisant   B = Neutre   C = Non satisfaisant

Puis calculez le nombre de réponses positives et négatives. Cela vous donnera une appréciation sur la qualité de votre projet et ses chances de succès.

1.1. Le préambule à la reprise

Pourquoi le repreneur souhaite-t-il reprendre une entreprise ?

A ❑ Volonté d'entreprendre

B ❑ Souhait de quitter une situation de salarié inconfortable

C ❑ Chômage

Quel âge a-t-il ?

A ❑ 35 à 45 ans

C ❑ < 25 ans ou > 55 ans

B ❑ Autre réponse

A-t-il déjà repris une affaire dans le passé pour lui-même ou pour le compte d'un employeur ?

A ❑ Oui, pour son propre compte

B ❑ Oui, en qualité de salarié

C ❑ Non

A-t-il une expérience dans le management ?

A ❑ Oui   C ❑ Non

Quel est le niveau de ses compétences financières pour les analyses de dossiers ?

A ❑ Bon

B ❑ Moyen

C ❑ Mauvais

Reprendre une entreprise

A-t-il complété sa formation ou mis à jour ses connaissances en vue de son projet de reprise ?

A ❑ Oui   C ❑ Non

Le repreneur a-t-il bien analysé les conséquences de la reprise d'une entreprise sur le plan personnel et familial ?

A ❑ Oui   C ❑ Non

L'entourage familial appuie-t-il la décision ?

A ❑ Oui   C ❑ Non

Nombre de réponses					%
		A	=		
		B	=		
		C	=		
	Total			8	100
Si A + B	≥ 80 %	Très bien			
	≥ 65 % < 80 %	Correct			
	≥ 50 % < 65 %	Danger			
	< 50 %	Alarme			

1.2. La recherche de la cible

Depuis combien de temps le repreneur cherche-t-il ?

C ❑ < 6 mois

A ❑ 6 à 18 mois

B ❑ > 18 mois

A-t-il constitué une équipe de conseillers pluridisciplinaires autour de lui ?

A ❑ Oui   C ❑ Non

Est-il suffisamment disponible pour se consacrer à la recherche de la cible ?

A ❑ Oui   C ❑ Non

Des contacts avec les cabinets spécialisés en transmission ont-ils été pris ?

A ❑ Oui   C ❑ Non

L'étude des dossiers de reprise est-elle structurée et rigoureuse ?

A ❑ Oui   C ❑ Non

Annexe I

La cible qu'il recherche est-elle en adéquation avec son expérience professionnelle et son savoir-faire en termes de management ?

A ❏ Oui   C ❏ Non

Est-elle en phase avec ses moyens financiers ?

A ❏ Oui   C ❏ Non

Combien de dossiers a-t-il étudiés de manière approfondie ?

A ❏ > à 5

B ❏ 2 à 5

C ❏ Un seul

				%
Nombre de réponses	A	=		
	B	=		
	C	=		
Total			8	100
Si A + B ≥ 80 %		Très bien		
≥ 65 % < 80 %		Correct		
≥ 50 % < 65 %		Danger		
< 50 %		Alarme		

1.3.   L'approche de la cible

Quelles sont les motivations du vendeur ?

A ❏ Départ à la retraite

B ❏ Perte de motivation, fatigue, impression d'être dépassé

C ❏ Souhait de réaliser une plus-value

C ❏ Décès – Maladie ou motivations inconnues

La cible est-elle à vendre depuis longtemps ?

A ❏ < 6 mois   B ❏ > 6 mois < 18 mois   C ❏ > 18 mois

Le ou les repreneurs ont-ils une expérience dans le même métier ?

A ❏ Oui   C ❏ Non

Le ou les repreneurs ont-ils eu une expérience dans une entreprise de taille comparable ?

A ❏ Oui   C ❏ Non

Reprendre une entreprise

Existe-t-il un lien de proximité avec le cédant ?

A ❏ Membre de la famille

B ❏ Salarié

C ❏ Aucun

Quelle est la taille de l'entreprise ?

A ❏ < 50 salariés

B ❏ > 50 < 100 salariés

C ❏ > 100 salariés

Les hommes clés ont-ils été rencontrés ?

A ❏ Oui   C ❏ Non

			%
Nombre de réponses	A =		
	B =		
	C =		
Total		7	100

Si A + B   ≥ 80 %   Très bien
         ≥ 65 % < 80 %   Correct
         ≥ 50 % < 65 %   Danger
         < 50 %   Alarme

1.4. Le diagnostic de la cible et de son potentiel

Est-on dans un métier fortement capitaliste, innovant ou à évolution technologique rapide, dépendant d'effets de mode ou à forte saisonnalité ?

A ❏ Non   C ❏ Oui

Une étude de marché et du secteur a-t-elle été réalisée ?

A ❏ Oui   C ❏ Non

Conclusions ?

A ❏ Positives   B ❏ Neutres   C ❏ Négatives

Un diagnostic général et fonctionnel de l'entreprise a-t-il été conduit ?

A ❏ Oui   C ❏ Non

Annexe 1

Conclusions ?

A ❑ Positives   B ❑ Neutres   C ❑ Négatives

Un diagnostic financier avec un recul suffisant a-t-il été entrepris ?

A ❑ Oui   C ❑ Non

Conclusions ?

A ❑ Positives   B ❑ Neutres   C ❑ Négatives

L'entreprise possède-t-elle encore un bon potentiel de développement ?

A ❑ Oui   C ❑ Non

L'entreprise dépend-elle en la matière d'une ou de deux personnes clés ?

A ❑ Non   C ❑ Oui

Des audits approfondis ont-ils été réalisés et par qui ?

A ❑ Audit personnel et professionnel

B ❑ Audit personnel seul

C ❑ Aucun audit

Conclusions sur la nature et le contenu des audits ?

A ❑ Positives   B ❑ Neutres   C ❑ Négatives

			%
Nombre de réponses	A =		
	B =		
	C =		
	Total	11	100
Si A + B ≥ 80 %		Très bien	
≥ 65 % < 80 %		Correct	
≥ 50 % < 65 %		Danger	
< 50 %		Alarme	

1.5. L'approche de la valeur et du prix

La valeur de l'entreprise n'est-elle pas trop dépendante de la personnalité du cédant ?

A ❑ Non   C ❑ Oui

Reprendre une entreprise

L'entreprise n'est-elle pas trop dépendante d'un client ?

A ❑ Non   C ❑ Oui

L'entreprise n'est-elle pas trop dépendante d'un fournisseur ?

A ❑ Non   C ❑ Oui

Qui a déterminé le prix ?

A ❑ L'acheteur et ses conseils

B ❑ Le repreneur et le cédant en concertation

C ❑ Le vendeur et ses conseils

Existe-t-il sur les cinq dernières années une régularité dans les résultats retraités ?

A ❑ Oui   C ❑ Non

La valeur est-elle supérieure à 7 fois les résultats nets moyens retraités des 2 derniers exercices ?

A ❑ Non   C ❑ Oui

Le prix convenu comprend-il le résultat de l'année en cours ?

A ❑ Oui   C ❑ Non

				%
Nombre de réponses	A	=		
	B	=		
	C	=		
Total			7	100
Si A + B	≥ 80 %	Très bien		
	≥ 65 % < 80 %	Correct		
	≥ 50 % < 65 %	Danger		
	< 50 %	Alarme		

1.6. Le protocole de reprise et les garanties associées

Le cédant a-t-il accepté de procéder à une série de déclarations en vue de garantir le repreneur contre tous les actes passés ou futurs de son fait, qui risqueraient d'être préjudiciables à l'entreprise comme au repreneur ?

A ❑ Oui   C ❑ Non

Annexe 1

Le repreneur a-t-il négocié une clause de non-concurrence significative ?

B ❑ Pour le cédant seul

A ❑ Pour le cédant, sa famille et les hommes clés

C ❑ Aucune

Le repreneur a-t-il négocié une clause de non-débauchage ?

A ❑ Oui   C ❑ Non

Le repreneur bénéficie-t-il d'une garantie de bilan d'un montant et d'une durée suffisants ?

A ❑ Oui   C ❑ Non

Le montant de la franchise de mise en jeu n'est-il pas trop important ?

A ❑ Non   C ❑ Oui

Existe-t-il une garantie assurant la mise en jeu de la garantie de bilan, du type caution bancaire ou crédit vendeur ?

A ❑ Oui   C ❑ Non

Les conditions de mise en jeu sont-elles clairement définies et rapides à mettre en œuvre ?

A ❑ Oui   C ❑ Non

			%
Nombre de réponses	A =		
	B =		
	C =		
Total		7	100

Si A + B	≥ 80 %	Très bien
	≥ 65 % < 80 %	Correct
	≥ 50 % < 65 %	Danger
	< 50 %	Alarme

1.7. La reprise effective

Le cédant procédera-t-il à un accompagnement du repreneur ?

A ❑ Oui   C ❑ Non

Reprendre une entreprise

Combien de temps restera-t-il dans l'entreprise ?

- Si reprise par un professionnel du secteur :

A ❑ 1 à 3 mois   C ❑ > 3 mois

- Si reprise par un non-professionnel du secteur :

A ❑ 4 à 6 mois

B ❑ 6 à 12 mois

C ❑ 1 à 3 mois

C ❑ > 12 mois

Le repreneur est-il un animateur, un meneur d'hommes et un bon communicant ?

A ❑ Oui   C ❑ Non

Le repreneur sera-t-il capable de répondre aux incertitudes et aux inquiétudes des salariés ?

A ❑ Oui   C ❑ Non

A-t-il défini les actions prioritaires à mener ?

A ❑ Oui   C ❑ Non

Les clients et fournisseurs significatifs seront-ils rencontrés rapidement avec le cédant ?

A ❑ Oui   C ❑ Non

De nouveaux clignotants de gestion seront-ils mis en place ?

A ❑ Oui   C ❑ Non

				%
Nombre de réponses		A =		
		B =		
		C =		
	Total		7	100
Si A + B	≥ 80 %	Très bien		
	≥ 65 % < 80 %	Correct		
	≥ 50 % < 65 %	Danger		
	< 50 %	Alarme		

Annexe 1

1.8. Le montage juridique et fiscal

La reprise s'effectue-t-elle en société ou en nom propre ?

A ❑ En société

C ❑ En nom propre

S'agit-il d'une reprise partielle ou totale ?

A ❑ Totale

C ❑ Partielle

Le repreneur s'associe-t-il avec des personnes extérieures ?

A ❑ Non, il aura 100 % du capital

B ❑ Oui, avec sa famille

B ❑ Oui, avec un ou plusieurs fournisseurs du secteur

C ❑ Oui, avec des personnes rencontrées à l'occasion de ses recherches

Le cédant garde-t-il des liens financiers avec l'entreprise ?

A ❑ Non

B ❑ Oui, par le biais d'un crédit vendeur à la société d'exploitation

C ❑ Oui, en tant qu'actionnaire du holding ou de la cible

En cas de pluralité d'actionnaires, un pacte d'actionnaires est-il prévu ?

A ❑ Oui   C ❑ Non

Le repreneur détient-il, seul ou avec ses associés, suffisamment de titres pour pouvoir opter pour l'intégration fiscale ?

A ❑ Oui   C ❑ Non

Comment les crédits seront-ils remboursés ?

A ❑ Par distribution de dividendes (actionnaire disposant de plus de 90 % du capital)

A ❑ Par prélèvement direct sur la CAF, s'agissant d'une reprise de fonds de commerce

B ❑ Par distribution de dividendes (actionnaire disposant de 70 à 90 % du capital)

C ❑ Par distribution de dividendes (actionnaire disposant de moins de 70 % du capital)

C ❑ Par prélèvement de sursalaires

				%
Nombre de réponses		A =		
		B =		
		C =		
	Total		7	100

Si A + B ≥ 80 % — Très bien
≥ 65 % < 80 % — Correct
≥ 50 % < 65 % — Danger
< 50 % — Alarme

1.9. Le financement de la reprise

Le scénario prévisionnel retenu n'est-il pas trop optimiste sur le plan des volumes et des marges ?

A ❑ Non   C ❑ Oui

L'environnement économique et le cycle d'activité dans le métier repris sont-ils favorables ?

A ❑ Oui   C ❑ Non

Quelle est la part des fonds propres dans le plan de financement ?

A ❑ > 33 % du prix

B ❑ > 25 % et < 33 %

C ❑ < 25 %

Le ou les repreneurs s'endettent-ils à titre personnel pour compléter leurs apports ?

A ❑ Non   C ❑ Oui

Disposent-ils de réserves personnelles leur permettant d'augmenter leurs apports en cas de besoin ?

A ❑ Oui   C ❑ Non

En cas de distribution de dividendes, quelle sera la position de la trésorerie de la cible après reprise ?

A ❑ Positive et large

C ❑ Positive, mais proche de zéro

C ❑ Négative à certaines périodes de l'année ou en permanence

Annexe I

Les garanties demandées par les banques ne sont-elles pas trop pénalisantes pour le repreneur ?

A ❑ Non   C ❑ Oui

A-t-il donné sa caution ?

A ❑ Non   C ❑ Oui

Le niveau d'endettement moyen long terme cumulé après reprise sera-t-il supérieur à 4 années de capacité d'autofinancement ?

A ❑ Non   C ❑ Oui

La distribution de dividendes en cas de montage avec holding sera-t-elle supérieure à 70 % du résultat net moyen retraité des deux derniers exercices ?

A ❑ Non   C ❑ Oui

				%
Nombre de réponses	A	=		
	B	=		
	C	=		
Total			10	100

Si A + B	≥ 80 %	Très bien
	≥ 65 % < 80 %	Correct
	≥ 50 % < 65 %	Danger
	< 50 %	Alarme

Synthèse grille d'analyse

Annexe 2 : Documents et informations à obtenir en vue d'une reprise d'entreprise

2.1. Informations sur la société

Bilans, comptes de résultat et annexes des cinq derniers exercices.

Déclarations fiscales annuelles et détail des comptes.

Prévisionnel pour l'année en cours et situations intermédiaires.

Date et contenu du dernier contrôle fiscal et social, et éventuellement état de la procédure.

Date et contenu du dernier contrôle en matière d'hygiène, de sécurité et d'environnement.

Rapports du commissaire aux comptes des trois derniers exercices.

Rapports de gestion des trois derniers exercices.

Extrait K bis de l'entreprise.

Statuts à jour de la société.

Derniers procès-verbaux des conseils d'administration et assemblées générales.

Répartition du capital social.

Information sur la stabilité et la disponibilité des titres composant le capital actuel (registre des mouvements de titres, existence de démembrement de titres, émission de valeurs mobilières composées, nantissement de titres, promesse de vente ou d'achat, existence de pacte de préférence…).

2.2. Informations sur les actionnaires et les dirigeants actuels

Rapport spécial du commissaire aux comptes des trois derniers exercices.

Existence d'avantages particuliers (contrat d'assurance, retraite complémentaire…).

Utilisation de biens appartenant à la société ou financés par elle.

Créances vis-à-vis de la société (nature, montant, clauses de retour à une meilleure fortune).

Conventions en cours avec d'autres sociétés dans lesquelles les cédants ont des intérêts.

Cautions ou autres garanties personnelles données en faveur de la société.

Contrat de mariage des cédants.

Vérification de la capacité à agir seuls.

2.3. Informations sur les actifs de l'entreprise

Liste des immobilisations avec indication de leur âge et de leur vétusté.

Titres de propriété des terrains et bâtiments.

Dernières expertises d'assurance.

Contrats de prêt, de leasing et de location (baux commerciaux, gérance).

État des inscriptions au greffe (nantissement, privilèges et hypothèques).

Droits de propriété industrielle (FDC, brevets, licences, concessions…).

Liste des marques et brevets appartenant à l'entreprise.

Liste des marques et brevets exploités mais appartenant à des personnes extérieures.

Protection, dépôt à l'INPI.

Détail des participations financières et derniers éléments financiers.

2.4. Informations sur les aspects commerciaux

Organisation.

Répartition des ventes, nombre de clients actifs.

Contrats commerciaux particuliers (concession, franchise, contrat de distribution…).

Contrats risquant de perturber le bon fonctionnement de l'entreprise en cas de rupture (préavis long, indemnité importante, perte de clientèle significative…).

Catalogue des produits fabriqués et tarifs.

Évolution comparée du chiffre d'affaires sur les vingt-quatre derniers mois.

Importance du carnet de commandes.

2.5. Informations sur les aspects humains et sociaux

Convention collective applicable.

Accord d'entreprise.

Liste du personnel (copie de la dernière DADS).

Organigramme.

Nature des contrats et avantages particuliers consentis (rémunération variable, parachute).

Mise en place de contrat d'intéressement.

Mise en place de stock-options.

Contrat de retraite ou de prévoyance à la charge de l'entreprise.

Annexe 2

Usages en cours dans la société.

Climat social.

Instances de représentation du personnel.

2.6. Informations sur les contentieux en cours

Auprès des fournisseurs, des clients, des salariés, des banques et administrations.

Précisions sur la nature et l'avancée des procédures.

Précisions sur les risques correspondants pour l'entreprise.

État des provisions passées.

2.7. Informations sur la fiscalité latente

Régimes de faveur en cours (fusion, apports partiels d'actif, réductions d'impôt soumises à conditions…).

Régimes fiscaux particuliers (intégration fiscale, régime mère-fille, *carry back*).

Report à nouveau déficitaire.

Amortissements différés.

Crédit d'impôt en sursis (R & D, formation).

2.8. Informations sur les engagements donnés ou reçus

Cautions, avals et garanties diverses.

Détail des engagements hors bilan.

Subventions reçues soumises à conditions (créations d'emplois, investissement matériel).

Banques de l'entreprise et autorisations dont elle bénéficie.

Assureur de l'entreprise et contrats dont elle bénéficie.

Annexe 3 : Barème indicatif d'évaluation rapide de fonds de commerce[1]

Les pourcentages et les coefficients indiqués ci-après correspondent à une observation des **pratiques du marché**. Les barèmes les plus élevés s'appliquent aux fonds localisés dans des zones attractives ou dont les locaux sont spacieux et en bon état. À l'inverse, les barèmes les plus bas s'appliquent aux fonds localisés dans une rue peu commerçante ou dont les locaux sont en mauvais état.

Le chiffre d'affaires retenu est, sauf conditions d'exploitation anormales, le **chiffre moyen des trois dernières années**. D'une manière générale, les taux à appliquer varient, à l'intérieur de la marge proposée pour la catégorie de biens concernée, de façon inversement proportionnelle au montant du chiffre d'affaires du fonds à évaluer.

Nature du commerce	Fourchette de valeurs	Unité de barème
Accessoires automobiles	15 à 35	% CA TTC/an
Administrateur de biens et syndic	70 à 100	% honoraires TTC/an
Agence de publicité	25 à 50	% CA TTC/an
Agence de voyages	25 à 50	% CA TTC/an
Agence immobilière	15 à 35	% CA TTC/an
Agence matrimoniale	35 à 50	% CA TTC/an
Alimentation générale	40 à 130	recette journalière TTC
Ambulances	50 à 80	% CA TTC/an
Ameublement	30 à 65	% CA TTC/an
Animalerie-Aquariophilie-Oisellerie	45 à 85	% CA TTC/an
Antiquités	40 à 100	% CA TTC/an
Appareils médicaux	10 à 40	% CA TTC/an
Armurier	40 à 60	% CA TTC/an
Articles de bureau	20 à 40	% CA TTC/an
Articles de pêche	40 à 60	% CA TTC/an
Articles de sport	40 à 80	% CA TTC/an
Arts de la table-cadeaux-listes de mariage	50 à 65	% CA TTC/an
Assurances (courtage)	1 à 2	commissions annuelles

---

1. Source : Mémento *Transmission d'entreprise*, Éditions Francis Lefebvre, 2012.

Reprendre une entreprise

Nature du commerce	Fourchette de valeurs	Unité de barème
Auto-école	35 à 70	% CA TTC/an
Bar à vins	200 à 350	recette journalière TTC
Bazar	20 à 50	% CA TTC/an
Bijouterie fantaisie	25 à 80	% CA TTC/an
Bijouterie - Horlogerie	25 à 40	% CA TTC/an
Blanchisserie de détail	30 à 75	% CA TTC/an
Blanchisserie industrielle	30 à 40	% CA TTC/an
Bois, charbon et fuel	10 à 30	% CA TTC/an
Bonneterie, lingerie, mercerie	40 à 80	% CA TTC/an
Boucherie	30 à 60	% CA TTC/an
Boulangerie – Pâtisserie	60 à 110	CA HT/an
Bricolage	30 à 50	% CA TTC/an
Brocante	60 à 80	% CA TTC/an
Cadeaux-articles de Paris	30 à 60	% CA TTC/an
Café	300 à 800	recette journalière TTC
Café-tabac/remise nette tabac	0,9 à 1,2	ans de remise nette tabac
Café-tabac/tabletterie	80 à 120	% CA TTC/an
Carburant	20 à 35	% CA TTC/an
Carrelage	10 à 15	% CA TTC/an
Carterie-gadget	40 à 90	% CA TTC/an
Cave à vins	40 à 80	% CA TTC/an
Centre de remise en forme	40 à 100	% CA TTC/an
Chapellerie	45 à 70	% CA TTC/an
Charcuterie	40 à 90	% CA TTC/an
Chaussures (détail)	35 à 80	% CA TTC/an
Cheminée (vente et installation)	25 à 40	% CA TTC/an
Chemiserie	50 à 75	% CA TTC/an
Cinéma	40 à 100	recette taxable/semaine
Clinique	30 à 60	% CA TTC/an
Coiffeur	65 à 130	% CA TTC/an
Confection pour enfant	35 à 55	% CA TTC/an

Annexe 3

Nature du commerce	Fourchette de valeurs	Unité de barème
Confiserie	60 à 100	% CA TTC/an
Cordonnerie	70 à 100	% CA TTC/an
Crèmerie	40 à 60	% CA TTC/an
Crêperie	45 à 100	% CA TTC/an
Croissanterie-briocherie	65 à 80	% CA TTC/an
Cuirs – Fourrures	45 à 100	% CA TTC/an
Cuisines (vente de)	10 à 25	% CA TTC/an
Cycles et motos	20 à 50	% CA TTC/an
Déménagement	50 à 90	% CA TTC/an
Diététique-produits naturels	20 à 50	% CA TTC/an
Discothèque	35 à 75	% CA TTC/an
Discount	25 à 50	% CA TTC/an
Disquaire	15 à 30	% CA TTC/an
Droguerie	30 à 60	% CA TTC/an
Ébénisterie-menuiserie	25 à 35	% CA TTC/an
Électricité automobile	20 à 55	% CA TTC/an
Électricité générale	20 à 45	% CA TTC/an
Électroménager, HI-FI, TV, vidéo, radio	20 à 45	% CA TTC/an
Épicerie en libre-service	20 à 40	% CA TTC/an
Épicerie fine	35 à 80	% CA TTC/an
Faïence, porcelaine, verrerie	50 à 65	% CA TTC/an
Fleuristes en libre-service	50 à 85	% CA TTC/an
Fleuriste traditionnel	40 à 80	% CA TTC/an
Fromageries-spécialités	30 à 40	% CA TTC/an
Fruits et légumes	20 à 70	% CA TTC/an
Galerie d'art	60 à 240	% CA TTC/an
Garage-atelier	15 à 30	% CA TTC/an
Garage-station-service	25 à 35	% CA TTC/an
Garage-vente de voitures d'occasion	5 à 30	% CA TTC/an
Garage-vente de voitures neuves	10 à 25	% CA TTC/an
Garage-hôtel	100 à 300	recette journalière TTC

Barème indicatif d'évaluation rapide de fonds de commerce

Nature du commerce	Fourchette de valeurs	Unité de barème
Gérance de biens	130 à 200	% CA TTC/an
Grains	40 à 100	% CA TTC/an
Herboriste	65 à 85	% CA TTC/an
Hôtel de tourisme	80 à 400	% CA TTC/an
Hôtel meublé	90 à 400	% CA TTC/an
Import-export	20 à 30	% CA TTC/an
Imprimerie	15 à 50	% CA TTC/an
Informatique (bureautique-micro)	15 à 50	% CA TTC/an
Informatique (conception de logiciel)	10 à 50	% CA TTC/an
Informatique (conseil)	15 à 50	% CA TTC/an
Informatique (négoces divers)	5 à 20	% CA TTC/an
Instruments de musique (vente d')	40 à 50	% CA TTC/an
Jardinerie-paysagiste	25 à 80	% CA TTC/an
Jeux-jouets	50 à 60	% CA TTC/an
Journaux et périodiques	50 à 65	% CA TTC/an
Laboratoire d'analyses médicales	60 à 80	% CA TTC/an
Laverie automatique	70 à 110	% CA TTC/an
Librairie-édition	40 à 60	% CA TTC/an
Librairie papeterie	45 à 65	% CA TTC/an
Licence de débit de boissons (IV)	de 5 000 € à 30 000 € selon les possibilités de transfert	
Lingerie-bonneterie	40 à 70	% CA TTC/an
Location de véhicules automobiles	50 à 80	% CA TTC/an
Luminaires (vente de)	25 à 50	% CA TTC/an
Maçonnerie-couverture	20 à 30	% CA TTC/an
Maison de retraite	90 à 110	% CA TTC/an
Marbrerie et articles funéraires	35 à 80	% CA TTC/an
Maroquinerie	60 à 100	% CA TTC/an
Mercerie-lingerie-bonneterie	40 à 70	% CA TTC/an
Meubles (vente de)	20 à 65	% CA TTC/an
Nettoyage-gardiennage	25 à 30	% CA TTC/an
Optique	70 à 120	% CA TTC/an

Annexe 3

Nature du commerce	Fourchette de valeurs	Unité de barème
Orfèvrerie-cristallerie	25 à 55	% CA TTC/an
Papeterie	50 à 70	% CA TTC/an
Parfumerie-esthétique	65 à 100	% CA TTC/an
Pâtisserie	70 à 120	% CA TTC/an
Peinture-papier peint-vitrerie-déco	30 à 60	% CA TTC/an
Pharmacie	65 à 100	% CA TTC/an
Photo	40 à 80	% CA TTC/an
Pizzeria	50 à 100	% CA TTC/an
Plats cuisinés-traiteurs	35 à 85	% CA TTC/an
Plomberie-chauffage-sanitaire	10 à 40	% CA TTC/an
Poissonnerie	30 à 60	% CA TTC/an
Pressing – Nettoyage à sec	70 à 120	% CA TTC/an
Prêt-à-porter – Vêtement	40 à 100	% CA TTC/an
Prêt-à-porter de luxe	60 à 90	% CA TTC/an
Primeur de fruits et légumes	45 à 90	% CA TTC/an
Protection-sécurité-alarme	30 à 40	% CA TTC/an
Prothèses dentaires (laboratoire de)	40 à 75	% CA TTC/an
Quincaillerie	20 à 45	% CA TTC/an
Réparation d'appareils d'électroménager	20 à 45	% CA TTC/an
Réparation de cycles motocycles	20 à 30	% CA TTC/an
Reprographie-tirage de plans	25 à 50	% CA TTC/an
Restaurant	50 à 120	% CA TTC/an
Restauration rapide – Fast-foods	50 à 120	% CA TTC/an
Salon de thé	50 à 90	% CA TTC/an
Serrurerie-électricité	30 à 40	% CA TTC/an
Serrurerie-talon minute	35 à 65	% CA TTC/an
Soins de beauté	45 à 100	% CA TTC/an
Solderie	25 à 35	% CA TTC/an
Supérette alimentaire	20 à 50	% CA TTC/an
Supermarché	15 à 25	% CA TTC/an
Surgelés (vente de)	15 à 35	% CA TTC/an

Reprendre une entreprise

Nature du commerce	Fourchette de valeurs	Unité de barème
Transports routiers	20 à 60	% CA TTC/an
Tapisserie d'ameublement-décoration	35 à 65	% CA TTC/an
Taxis	23 000 € à 61 000 €	la place
Teinturerie en pressing	70 à 120	% CA TTC/an
Télématique	10 à 30	% CA TTC/an
Théâtre	1 000 € à 1 700 €	le fauteuil
Tissus	35 à 85	% CA TTC/an
Toilettage canin	50 à 85	% CA TTC/an
Torréfaction café	50 à 85	% CA TTC/an
Vidéo club	70 à 80	% CA TTC/an
Vins à emporter	75 à 280	recette journalière TTC

Annexe 4 : Modèle indicatif de lettre d'intention

Monsieur l'acheteur.............
Adresse...................

> À l'attention de Monsieur
> le vendeur...............
> Adresse...............

À..............., le...............

Cher Monsieur,

Suite à nos différents entretiens, j'ai le plaisir de vous adresser par la présente l'offre de reprise de......... % des titres de la société « CIBLE ».

Cette reprise se fera par l'intermédiaire d'une société holding détenue majoritairement par moi-même dans les conditions suivantes :

1. **Date de reprise envisagée :**...................
2. **Prix d'acquisition**

Le prix que je vous propose pour l'acquisition de............. % des titres de la société « CIBLE » est de..................... €, sur la base d'un niveau de capitaux propres minimum de..................... € à la date de reprise.

3. **Modalités de règlement du prix**

Le prix sera réglé comme suit...............

Le bilan de cession servira de référence à la garantie d'actif et de passif et sera arrêté contradictoirement par votre expert-comptable et un expert que j'aurai mandaté.

4. **Accompagnement de la cession**

Accompagnement de votre part sur une période de......... mois.

5. **Garantie d'actif et de passif**

Je vous propose que la garantie d'actif et de passif comporte les conditions suivantes :

- Champ d'application :.........
- Durée :.........
- Plafond :.........
- Seuil de déclenchement :.........
- Garantie de la garantie :.........

6. **Clause de non-concurrence et de non-débauchage**

Directement ou indirectement sur une durée de......... ans pour vous-même et l'ensemble des cédants.

7. Conditions suspensives

La réalisation définitive de cette acquisition sera soumise aux conditions suspensives suivantes qui devront être insérées dans le protocole d'accord :

- obtention d'un emprunt à concurrence de.............. € sur une durée de...... ans à un taux maximal de...... % ;
- la réalisation des audits habituels en matière de transmission d'entreprise sur les plans comptable, fiscal, juridique, social et environnemental ;
- votre démission de vos fonctions sans indemnité, le jour de la signature des actes définitifs.

8. Planning de réalisation indicatif

En vue d'une cession effective au........., je vous propose le calendrier des opérations suivant :

- signature du protocole au plus tard le................ ;
- levées des conditions de financement au plus tard le................... ;
- audits susvisés achevés au plus tard le................ ;
- cession effective et transfert des titres le...................

Jusqu'à la réalisation de l'opération d'acquisition :

- aucune prime ni distribution de dividendes ne devront intervenir ;
- aucun engagement important ne devra être pris sans mon accord.

J'espère que la présente lettre correspondra à vos attentes, et dans l'affirmative je vous remercie de bien vouloir m'en retourner un exemplaire revêtu de votre signature et de la mention « Bon pour accord » avant le............, date de validité de la présente.

Formule de politesse
Monsieur (le repreneur)

Le......
Pour accord

Monsieur (le vendeur)

Annexe 5 : Modèle indicatif de dossier financier pour une reprise d'entreprise par une personne physique

1. Résumé et contexte de la demande

Qui reprend quoi ?

Pourquoi ?

Où ?

Quand ?

À quel prix ?

Quel montage juridique et fiscal ?

Quel plan de financement ?

Quel type de crédit est sollicité ?

Sur quelle durée ?

Quelles sont les garanties proposées ?

2. Présentation du ou des repreneurs

État civil, date et lieu de naissance.

Coordonnées adresse, téléphone, mail.

Profils, parcours professionnels.

3. Présentation du ou des cédants

État civil.

Coordonnées adresse, téléphone, mail.

Profils, parcours professionnels.

4. Motivation des parties

Motivation des repreneurs.

Motivation des cédants.

5. Accord négocié entre les parties

Présentation des accords de la lettre d'intention ou du protocole.

6. Présentation de la société cible

Fiche d'identité – localisation.

Répartition du capital.

Historique.

Domaines d'activité :
- offre produits-services ;
- avantages concurrentiels.

Marché :
- évolution passée ;
- tendance prévue ;
- barrières à l'entrée.

Concurrence.

Fournisseurs.

Clientèle.

Moyens humains et organisation fonctionnelle.

Fournisseurs.

Locaux d'exploitation.

Moyens matériels.

Besoins financiers liés à l'exploitation.

Principaux chiffres caractéristiques passés sur cinq ans :
- soldes intermédiaires de gestion sur cinq ans ;
- bilans sur cinq ans ;
- trésorerie sur vingt-quatre mois.

7. Justification du prix de reprise

Retraitements du compte de résultat.

Évaluation financière de l'entreprise selon deux ou trois méthodes.

8. Montage juridique, fiscal et financier

Reprise de fonds de commerce ou de titres.

Reprise partielle, progressive ou totale.

Reprise *via* un holding ou à titre personnel.

Options fiscales envisagées.

Plan de financement de l'opération (apport, dividende, crédit).

Dates des principales opérations.

9. Faisabilité de l'opération de reprise sur la base des résultats passés

Hypothèses de travail concernant la société cible et dans le holding.

Projections financières sur la durée du crédit sollicité pour la cible et le holding :
- compte de résultat prévisionnel de la société cible ;

Annexe 5

- plan de financement ;
- bilan prévisionnel.

Évolution et suivi des ratios d'équilibre financier :
- rapport endettement cumulé/CAF ;
- taux de distribution du résultat net ;
- rapport endettement moyen terme du holding/fonds propres du holding.

10. Perspectives de développement

11. Marges de manœuvre et matrice SWOT du projet

Marges de manœuvre.

Points forts – Points faibles.

Menaces – Opportunités.

12. Financements recherchés

Montant – Durée.

Rythme de remboursement.

Taux fixe ou variable capé.

Date de mise en place.

Date premier remboursement.

Garanties proposées.

13. Coordonnées des repreneurs et de leurs conseils

Annexes

- Trois derniers bilans fiscaux et détaillés de la cible.
- CV des repreneurs.
- Prévisionnels du holding et de la cible détaillés.
- Plaquette de présentation de la cible.

GLOSSAIRE DES PRINCIPAUX TERMES

Business angels
Personnes physiques qui investissent en direct au capital d'entreprises non cotées. Il s'agit le plus souvent d'anciens chefs d'entreprise qui apportent, en plus de leur appui financier, une expérience et un carnet d'adresses, le plus souvent en synergie avec le domaine d'activité de l'entreprise.

Business plan
Plan d'affaires ou dossier de présentation du projet de reprise à destination des partenaires financiers (investisseurs et prêteurs).

Capacité d'autofinancement (CAF)
Capacité d'investissement ou de remboursement de l'entreprise calculée comme suit, au sens restrictif du terme : résultat net + amortissement.

Capital-risque
Financement d'entreprises en création ou en phase de démarrage.

Covenants
Ensemble de ratios figurant en annexe d'un contrat de prêt, permettant au prêteur de dénoncer son concours en cas de non-respect ou de dépassement de ses critères.

Crédit vendeur
Délai de paiement accordé au repreneur par le cédant.

Dette mezzanine
Emprunt dont le remboursement sera réalisé après celui des dettes bancaires classiques.

Dette senior

Dette bancaire moyen terme à 5/7 ans, mise en place à l'occasion d'opérations de transmission, remboursée avant la dette mezzanine.

Earn out

Partie variable du prix de cession également appelée « complément de prix ». Une ou plusieurs variables sont définies entre cédant et repreneur (atteinte ou maintien d'un niveau de chiffre d'affaires, de rentabilité… pendant une période donnée) permettant de faire varier le prix de cession de l'entreprise. Seule la partie fixe est réglée dans un premier temps par le repreneur, le solde étant payé progressivement en fonction de l'atteinte des covenants fixés entre les parties.

Effet de levier

Rapport existant entre les dettes bancaires de reprise et l'apport du repreneur. En fonction de la qualité de la cible (rentabilité, trésorerie disponible, fonds propres) et du montage retenu (distribution de dividende exceptionnelle venant compléter les fonds apportés par le repreneur par exemple), le rapport entre les fonds propres du repreneur et les dettes bancaires peut aller jusqu'à dix. L'effet de levier classique se situe aux alentours de deux en matière de reprise de PME actuellement.

Fonds propres

Ce sous-ensemble du bilan correspond au total 1 du passif du bilan fiscal d'une entreprise. Il comprend : le capital social, les réserves, le report à nouveau, le résultat de l'année, les provisions réglementées et les subventions d'investissement non amorties. Les fonds propres peuvent également être calculés comme suit :

> Total de l'actif (ce que possède l'entreprise) – Total des dettes au passif (ce que doit l'entreprise) à une date donnée.

Les fonds propres correspondent donc à la valeur comptable du patrimoine net de l'entreprise.

Garantie de passif et/ou d'actif

Garantie donnée par le cédant à l'acquéreur sur les montants figurant au bilan de l'entreprise. En cas d'augmentation des dettes ou de diminution des actifs, le vendeur s'engage à combler le différentiel pendant une période donnée, en règle générale 3 à 5 ans.

Glossaire des principaux termes

Goodwill/Badwill

Différence entre la valeur de rendement et la valeur patrimoniale (actif net économique) d'une entreprise. Lorsqu'il est positif, cet écart porte le nom de « *goodwill* » et correspond à la valeur du fonds de commerce. Lorsqu'il est négatif, le différentiel prend l'appellation de « *badwill* ».

Haut de bilan

Ce terme qualifie dans un bilan ce qui est stable par nature. À l'actif du bilan, il vise les immobilisations (brevets, matériels, participations…). Sa contrepartie au passif est constituée des fonds propres et des dettes financières à moyen et long terme. En matière d'ingénierie financière, le terme « d'opération de haut de bilan » recouvre les interventions qui touchent au capital de l'entreprise (prise de participation, augmentation de capital, reprise-rapprochement-transmission) et au fonds de roulement (restructuration financière, *leaseback*…).

Leaseback

Opération de vente d'un bien à une société de crédit-bail qui reloue le bien à l'entreprise avec option d'achat à terme. Ce montage financier permet de dégager de la trésorerie et d'externaliser des plus-values en vue de restructurer un bilan.

Lettre d'intention

Document contractuel, préparé par l'investisseur à l'issue de la période de négociation et qui propose à la société cible les termes et conditions de l'investissement.

Leveraged Buy-Out (LBO)

Technique de reprise par le biais d'une société holding.

Love Money

Aides et prêts accordés par la famille et les proches au repreneur ou à sa société de reprise.

Obligation convertible

Prêt accordé par un organisme de capital-risque susceptible d'être converti en capital sur la base des modalités définies par contrat (période de conversion, prix, conditions suspensives, frais…).

Owner Buy-Out (OBO)
Opération de vente à soi-même d'un fonds de commerce ou de titres de société en associant minoritairement soit des membres de sa famille, soit des collaborateurs ou des investisseurs extérieurs.

Pacte d'actionnaires
Ensemble de clauses contractuelles dont l'objet est de préciser les relations entre actionnaires au-delà des statuts.

Plan de financement
Document financier prévisionnel, sur lequel sont regroupés les emplois et les ressources prévus sur une durée de 3 à 5 ans, qui a pour objet principal de mettre en évidence les excédents ou les besoins de trésorerie correspondant au plan d'affaires.

Protocole d'accord
Document qui formalise les accords entre les parties (acheteur et vendeur) en vue de réaliser la cession de l'entreprise. Il définit ce qui va faire l'objet de la transaction, le prix et les conditions associées, ainsi que les garanties et l'échéancier de l'opération.

Quasi-fonds propres
Ensemble de valeurs mobilières composées (obligations convertibles, obligations remboursées en actions, obligations à bons de souscription, etc.) offrant un accès différé au capital d'une entreprise.

Société de caution mutuelle
Organisme dont la vocation est de se porter caution pour une partie des emprunts à moyen terme souscrits par l'entreprise auprès d'une ou de plusieurs banques.

BIBLIOGRAPHIE

APCE, *Créer ou reprendre une entreprise*, Eyrolles-Éditions d'Organisation, 27ᵉ édition 2014.

BOSCHIN Nicolas, *Le Guide pratique du LBO*, Eyrolles-Éditions d'Organisation, 2009.

BOULAIRE Michel, *Reprendre une entreprise, les points clés à contrôler*, Eyrolles-Éditions d'Organisation, 2ᵉ édition, 2010.

CEDDAHA Franck, *Fusions Acquisitions*, Economica, 3ᵉ édition, 2010.

CRA, *Transmettre ou reprendre une entreprise*, PRAT Éditions, 2014.

LAMARQUE Thierry, STORY Sophie, *Reprendre une entreprise*, Maxima, 2008.

LECOINTRE Gilles, *Transmettre, reprendre et céder une entreprise*, Gualino Éditions, 5ᵉ édition, 2012.

MEIER Olivier, SCHIER Guillaume, *Fusions Acquisitions*, Dunod, 4ᵉ édition, 2012.

THAUVRON Arnaud, *Évaluation d'entreprise*, Economica, 4ᵉ édition, 2013.

VILLEMOT Dominique, *Fiscalité des fusions acquisitions*, EFE, 4ᵉ édition, 2010.

ADRESSES ET SITES INTERNET UTILES

Les partenaires institutionnels de la reprise

ACFCI (Assemblée des chambres françaises de commerce et d'industrie)
46, avenue de la Grande Armée, 75017 Paris
Tél. : 01 40 69 37 00 – www.acfci.cci.fr

APCMA (Assemblée permanente des chambres de métiers et de l'artisanat)
12, avenue Marceau, 75008 Paris
Tél. : 01 44 43 10 00 – www.apcm.com

APCE (Agence pour la création et la reprise d'entreprise)
14, rue Delambre, 75014 Paris
Tél. : 01 42 18 58 58 – www.apce.com

Boutiques de Gestion
44, rue Cambronne, 75015 Paris
Tél. : 01 43 20 54 87 – www.bge.asso.fr

Les leviers financiers

Apport en fonds propres

AFIC (Association française des investisseurs en capital)
23, rue de l'Arcade, 75008 Paris
Tél. : 01 47 20 99 09 – www.afic.asso.fr

Fédération des CIGALES (Clubs d'investisseurs pour une gestion alternative et locale de l'épargne)
61, rue Victor Hugo, 93500 Pantin
Tél. : 01 48 40 96 72 – www.cigales.asso.fr

Réseaux de business angels *(investisseurs privés)*

Love Money : tél. 01 48 00 03 35 – www.love-money.org

Leonardo : tél. 01 53 53 73.46 – www.leonardo.asso.fr

Proxicap : tél. 01 42 19 99 11 – www.proxicap.com

Apport d'une garantie externe

Bpifrance
27-31, avenue du Général Leclerc, 94710 Maisons-Alfort Cedex
Tél. : 01 41 79 80 01 – www.bpifrance.fr

SIAGI (Société interprofessionnelle et artisanale de garantie)
2, rue Jean-Baptiste Pigalle, 75009 Paris
Tél. : 01 48 74 54 00 – www.siagi.com

Les clubs de repreneurs

CRA (Cédants et repreneurs d'affaires)
45, rue Vivienne, 75002 Paris
Tél. : 01 40 26 74 16 – www.cra.asso.fr

Clenam (Club entreprise arts et métiers)
9 bis, avenue d'Iéna, 75783 Paris
Tél. : 01 40 69 27 36 – clenam.gadzarts.org

Les revues spécialisées

Acquisitions d'Entreprises - DAICI
97, avenue des Champs-Élysées, 75008 Paris
Tél. : 01 47 20 60 65 – www.daici.com

R&T (Reprendre et transmettre) - Trimestriel
75, rue Escudier, 92100 Boulogne
Tél. : 01 46 99 18 70 – www.reprendre-transmettre.com

Repreneur - Bimestriel
6 bis, rue Gambetta, 92003 Nanterre Cedex
Tél. : 01 46 69 10 33 – www.intercessio.net

Le salon spécialisé

Le Salon des entrepreneurs
16, rue du Quatre Septembre, 75112 Paris Cedex 2
Tél. : 01 44 88 41 00 – www.salondesentrepreneurs.com/paris

INDEX

A

Abus
~ de biens sociaux 127, 129, 159, 167, 178, 183
~ de droit 116, 121, 125, 129, 131
~ de majorité 127, 129
~ de pouvoir 95, 159, 178

Accompagnement 18, 21, 25, 55, 74, 83, 106, 153, 161, 182, 201

Acte anormal de gestion 125, 129, 131

Actions 105, 148, 157, 160, 162, 183

Apports 15, 19, 36, 73, 83, 135, 138, 151, 167, 174, 184, 189
~ en fonds propres 164
~ en nature 135
~ en numéraire 135
commissaire aux ~ 135

Association 91, 93, 154–155

Assurance
~ décès 189
~ homme clé 190

Audit 55, 67, 69, 106
~ comptable 57
~ d'acquisition 56, 145
~ de l'outil de production 61
~ des contrats 60
~ des engagements 63
~ des relations intergroupe 66
~ des stocks 61
~ environnemental 66
~ financier 58
~ fiscal 62
~ juridique 59
~ réglementaire 65
~ social 62
frais d'~ 148

B

Badwill 42, 200, 267

Bilan 36, 45, 51, 57–58, 69, 117, 131, 166, 169

Bons de souscription 157, 161–162, 166, 172

Bpifrance voir Oséo

Business angels 156

C

Capacité 20, 26, 35, 43, 54, 59, 71, 73, 91, 103, 112, 133, 151, 156, 171, 178, 181, 197
~ d'autofinancement 28, 29, 41, 86, 128, 167

~ d'emprunt 113
~ d'endettement 28, 108, 117, 154, 160, 164, 168
~ de remboursement 37, 43, 79, 122, 142, 169

Capital-risque 73, 105, 148, 156, 161

Caution 130, 182, 184
~ bancaire 71, 175, 201
~ mutuelle 73, 182, 187
~ personnelle 73, 82, 91, 113, 116, 165, 172, 182
acte de ~ 184

Certificats d'investissement 136, 161

Cigales 158

Clause
~ *buy or sell* 140
~ d'*earn out* 52
~ d'exigibilité 173
~ de non-concurrence 34, 55, 62, 72, 107, 201
~ de non-débauchage 55, 72, 107, 201
~ statutaire et extrastatutaire 138

Comptes courants 130, 135, 146

Conditions suspensives 55, 67

Convention
~ collective 34, 63
~ de garantie 71
~ de garantie d'actif et de passif 67
~ inter-société 110, 112, 114

Couverture de taux 171

Covenants 161, 172

Crédits
~ bancaires moyen et long terme 163
~ court terme 177
garanties liées aux ~ 181

D

Démission 72, 260

Dette 38, 128, 169, 178, 189
~ de reprise 20, 79, 126
~ mezzanine 160, 164
~ senior 166

Diagnostic 12, 31
~ administratif 34
~ de la production et des moyens d'exploitation 33
~ financier 35
~ marketing et commercial 32
~ social 34
~ stratégique 31

Dividendes 14, 21, 52, 58, 73, 85, 89, 93, 98, 105, 123, 131, 134, 142, 147, 159, 165, 177, 196

Dossier financier 145, 174, 261

Droit de vote 136–138, 161

Droits d'enregistrement 147

E

EBIT 42, 199

Effet de levier 87, 91, 116, 134, 151, 154, 160, 163

Évaluation 37, 106

F

Famille 72, 104, 116, 184, 190

Financement 18, 45–46, 72, 80, 91, 115, 131, 135, 146, 151, 187
plan de ~ 21, 146–147, 202

Fonds
~ de commerce 13, 37, 86, 92, 103, 109, 121, 127, 181
~ de roulement 147, 163

 © Groupe Eyrolles

Franchise 22, 70
Fusion 128

G

Garanties 56, 67, 181
Goodwill 42, 200, 267
Grille d'analyse 237

H

Holding 110, 113–114, 123, 133
Homme clé 34, 190

I

Impôt sur les sociétés (IS) 87, 92, 102, 122, 190
Incitations fiscales 152
Intégration fiscale 85, 94–96, 103, 110, 113, 125, 127, 131, 154, 202

J

Juge arbitre 70

L

Lehman (échelle de) 148
Lettre d'intention 53, 67, 259
Leveraged Buy-Out (LBO) 130, 161
Leviers juridiques 133
Liens financiers 22, 66
Location-gérance 103, 127
Love Money (association) 158

M

Mobilisation du poste clients 47, 178

N

Négociation 14, 50, 54, 68, 106, 135, 146, 170, 172, 176

O

Obligations 71, 92, 160
~ convertibles 156, 161, 166
Oséo (Bpifrance) 13, 17, 73, 153, 164, 175, 184, 203
Ouverture du capital 133, 151, 172

P

Pacte d'actionnaires 57, 74, 139
Parts sociales 105, 148
Passation de pouvoir 72, 74, 83
Plafond 33, 70, 138, 171
Plus-value 22, 80, 87, 103, 133, 157, 162
Prédiagnostic 26
Préparation du repreneur 12
Prestations de services 111, 124, 131
Prévalorisation de la cible 26
Prévisionnel 22, 35, 44, 175
Promesse de vente 67, 71, 103, 106
Protocole 56, 67

Q

Quasi-fonds propres 160

R

Ratios 19, 28, 35, 161, 168, 172

Redevances 124, 127

Régime mère-fille 95–96, 98–99, 102

Remboursement anticipé 164, 170, 173, 182

Remontée de trésorerie 124, 128, 130

Reprise 18
- ~ à titre personnel 85, 121
- ~ d'actifs 159, 181
- ~ d'un fonds de commerce 13
- ~ d'une entreprise saine 14
- ~ de l'immobilier professionnel 117
- ~ de titres 159, 182
- ~ effective 73
- ~ par le biais d'une société 90
- ~ par une personne physique 79
- ~ *via* une société holding 123

mode de ~ 79

S

Seuil de déclenchement 70, 82

Siagi 187

Socama 188

Société
- ~ anonyme (SA) 81, 92–93, 122, 130, 134, 157
- ~ anonyme à responsabilité limitée (SARL) 81, 92, 119, 130, 137, 194, 201
- ~ civile (SC) 137
- ~ civile immobilière (SCI) 45, 119
- ~ par actions simplifiée (SAS) 92, 138, 148, 201

Stress 25

V

Valorisation 27, 38, 49, 57, 135, 189, 196

Vente à soi-même (OBO) 115, 229

Viager 176

Du même auteur :

Jean-Marc Tariant

guide pratique

des relations
Banque
Entreprise

OPTIMISER – FINANCER – SÉCURISER
NÉGOCIER – COMPRENDRE

EYROLLES
Éditions d'Organisation

Jean-Marc Tariant
Avec la collaboration de Jérôme Thomas

L'essentiel de la reprise d'entreprise

Facteurs de succès • Pratiques juridiques essentielles • Cas pratiques

EYROLLES

www.ingramcontent.com/pod-product-compliance
Lightning Source LLC
Chambersburg PA
CBHW080544230426

43663CB00015B/2705